直営展開やフランチャイズよりもリスクを抑えて
多店舗展開を実現する

21世紀型「のれん分け」ビジネスの教科書

店舗ビジネス専門コンサルタント
株式会社 常進パートナーズ代表取締役

高木悠

自由国民社

はじめに

本書は、「のれん分け制度を活用して、〝会社の発展〟と〝社員の自己実現〟を両立させる方法」をまとめたものです。


「いまよりも、もっと多店舗化を進めたい！」

「社員の自己実現を応援したい！」

「会社と社員のＷｉｎ－Ｗｉｎの関係を実現したい！」

といった想いを抱えている経営者のために書きました。


私は現在、自らが大手外食チェーンに勤務し、店舗ビジネスの現場に深くかかわってきた経験から、飲食店、整体院、美容院といった「店舗ビジネス」の「多店舗展開」をサポートする専門コンサルティング機関を設立し、店舗ビジネスを営む企業に対して、本書のテーマである「のれん分け制度づくり」や「フランチャイズシステムの導入」など、多店舗展開を進めていく上で必要となる仕組みづくりをサポートする仕事をしています。

この仕事をはじめようと思った背景には、「店舗ビジネスの社会的地位を高めたい」という基本理念があります。

現代の日本を見渡してみると、店舗ビジネスは世の中になくてはならない存在になっていることがわかります。

仮に、飲食店や整体院、美容院といった店舗ビジネスが世の中からなくなってしまったとしたら、どれだけ私たちの生活の豊かさが失われてしまうことでしょうか。

新型コロナウイルスの感染拡大が進み、多くの店舗ビジネスが休業や時短営業に追い込まれる中で、このことを改めて実感された方も多いのではないでしょうか。

それだけ、店舗ビジネスの存在が〝豊かな社会づくり〟に貢献している証しともいえます。

一方で、店舗ビジネスは、必ずしもその貢献度合いに見合った社会的評価を受けてはいないのではないでしょうか。

私自身も、大学卒業後、外食チェーンへの入社を決めたときには、

「なんでそんな仕事を選んだの？」

「そんな誰でもできるような仕事でいいの？」

「大学卒業したのに、もったいないね…」

など、家族や友人からネガティブな言葉を投げかけられ、悔しい想いをしたことを今でもはっきりと覚えています。

その結果、私自身が選んだ仕事であるにもかかわらず、徐々に仕事に対する自信が持てなくなり、自分の将来に夢や希望を持つこともできず、モチベーションもゼロどころかマイナスとなってしまった時期がありました。

そして、多くの店舗ビジネスを営む企業と接する中で、当時の私のような社員は、決して少数派ではないことを強く実感しています。

現代の店舗ビジネスでは、サービスを提供する人材の「仕事に対する姿勢」や「高いモチベーション」こそが、価値を生み出す源泉となっています。

ところが、その人材の多くが、自分の仕事に自信が持てず、将来に夢も希望も持てず、低いモチベーションで働いているのです。

この先に、店舗ビジネスの繁栄がないことは明らかです。

店舗ビジネスの社会への貢献度を考えれば、店舗ビジネスに関係している企業や人材は、もっともっと社会から評価を受けるべきです。適正な評価を得て、店舗ビジネスの社会的地位を高めていかなければ、店舗ビジネスに明るい未来はないのではないでしょうか。

私は、微力ながら、この店舗ビジネスが置かれている現状を本気で変えていきたいと考えています。

このためには、まずは店舗ビジネスを営む企業が高い収益を生み出し、生まれた原資で社員が夢と希望を持って働くことができる環境を整備していく必要があります。

そして、このような「企業の発展」と「社員の自己実現」を両立している企業が増えていくことが、店舗ビジネスの社会的地位向上につながるものと考えます。

以上の考えから、弊社では、「〝企業が高収益を生み出すための仕組みづくり〟と〝社員が誇りを持って働ける環境づくり〟をサポートすることで、〝店舗ビジネスの社会的地位の向上に貢献すること〟」を基本理念として、それを実現するための方法論を日々研究し、その内容を基にクライアント企業の経営サポートを行っています。

具体的には、これまで私が20年以上店舗ビジネスに携わり、５００社以上の企業支援を実施してきた経験から体系化した「最速最短で年商30億・店舗数30超を実現する実証されたノウハウ」に基づき、次の５つの視点から企業支援を行っています。

1　経営計画の策定&共有

会社の経営理念やビジョンと外部環境の動向を踏まえ、企業が持続・発展していくための経営計画を策定するとともに、その内容を全社員が共有し、全社一丸となって目標達成に向けて取り組むこと

2　評価システムの整備

経営理念やビジョン、経営計画に基づき、会社が各社員に求める資質や能力の基準を明らかにし、各社員の知識やスキル、仕事に対する姿勢を適正に評価すること

3　キャリアパスの整備

会社の経営計画実現に貢献し、高い評価を得た社員が、会社で働くことで実現できるキャリアアップの道筋を明確化すること

4　教育システムの整備

各社員の知識やスキル、将来目指すキャリアビジョン等を踏まえ、個々の社員に適した教育を行っていくこと

5　フランチャイズシステムの構築

他人資本を活用した店舗展開手法であるフランチャイズシステムを導入することで、リスクを避けながら多店舗展開を進められる体制を整えること

この基本理念やコンセプトに基づいて弊社がサポートをさせていただいたクライアントの中には、創業から5年で年商30億・店舗数30超の展開を達成した飲食チェーンもあります。

ところが、日々企業支援に取り組む中で、店舗ビジネスが発展していく上で克服しなければならない課題があることに気が付きました。それは、次の2点です

(1) 店舗ビジネスにおけるキャリアパスの限界

生産性向上に限界のある店舗ビジネスでは、社員の給与アップやキャリアアップに限界があること。結果、店舗ビジネスでは人材採用や定着化、モチベーションアップなど、人材面で様々な問題が発生しがちであること

(2) フランチャイズシステムの限界

リスクを避けて多店舗展開を進めていくには他人資本を活用するフランチャイズシステムの活用が有効であるものの、本部と信頼関係が築かれていない第三者を加盟対象とするフランチャイズシステムでは、本部と加盟者との間でトラブルが発生するリ

スクが高いこと

店舗ビジネスが今後も発展し、社会的地位を高めていくためには、上記の問題を解決することが不可欠です。

そして、これまでの私の経験や研究の結果から、この問題解決を目指す上で、「のれん分け制度」を活用することが最良の手段である、との結論に至りました。

詳しくは本書でご説明していきますが、これからの時代、店舗ビジネスを営む企業が存続・発展をしていくためには、のれん分け制度を活用することが不可欠になっていくものと考えます。

一方で、誰しも一度は耳にしたことがあるであろう「のれん分け」ですが、不思議とその実務や事例を体系的にまとめた書籍は、私が知る限り存在しません。

そこで、一社でも多くの店舗ビジネスを営む企業に、「のれん分けを活用して〝会社の発展〟と〝社員の自己実現〟の両立を実現してほしい」との想いから、私がこれまで経験してきたことや目にしてきたこと、考えてきたことを1冊の本としてまとめました。

本書が、店舗ビジネスを営む企業経営者の「夢の実現」に少しでもお役に立つことができたら幸いです。

目次

第3章 のれん分けに向いている会社、のれん分けに向いている社員

第1章

「21世紀ののれん分け」でビジネス拡大のチャンス！

できる社員は引き留めるな！できる社員こそ積極的に独立を支援してあげよう！

「できる社員には、会社で長く働いてほしい…」

私は、飲食店、整体院、美容院といった店舗ビジネスの多店舗展開をサポートする専門コンサルタントとして、店舗ビジネスを営む企業に対して、本書のテーマであるのれん分け制度やフランチャイズシステムの導入等のサポートをする仕事をしています。

そして仕事上、日々、店舗ビジネスを営む企業に接する中で、「優秀な社員を社内に囲い込んでおきたい」と考える経営者の方々と頻繁にお会いすることがあります。

「そんなことは当たり前じゃないか」と思われるかもしれません。

確かに、優秀な社員が会社を退職してしまうと、その社員が持つノウハウが外部に流出してしまいますし、美容院や整体院等のように、店舗ではなくサービス提供者に顧客が帰属するビジネスモデルの場合には、会社は退職する社員とともに顧客基盤まで失うこともあります。

ですから、多くの企業経営者が、優秀な社員であればあるほど、社内に囲い込もうと必死になって取り組むのも自然なことでしょう。

しかし、社員の独立志向が高い傾向にある店舗ビジネスでは、優秀な社員であればあるほど、ある程度のスキルと経験を身に付けると、その後は独立を目指す傾向にあることもまた事実です。

創業経営者にはご理解いただけることとも思いますが、このような人材は、自分の夢や希望を実現するためにリスクを取ってでも独立の道に突き進むのです。社員のこのような動きを会社が引き留めるのは非常に難しい問題といえるでしょう。

また、店舗ビジネスにおいては、優秀な社員を社内に囲い込むことには、メリットだけではなく、デメリットもあるのです。

デメリットの代表例としては、次の２点があげられるでしょう。

❶ 会社の利益や若手社員の収入に停滞をもたらす

デメリットの1点目は、生産性向上に限界のある店舗ビジネスでは、優秀な社員が高い収入を得てしまうと、その分、会社の利益や若手社員の収入に停滞をもたらす点です。

店舗ビジネスのほとんどは、働き手を通じて顧客にサービスを提供します。そのため、働き手が顧客に対して直接的にサービスを提供している時間だけが価値を生むことになります。美容院であれば髪のカットやカラーリングをしている時間、整体院であれば施術やカウンセリングをしている時間等が該当します。

このような特性を持つ店舗ビジネスが生産性を高めていくためには、

(1) 総労働時間に占めるサービス提供時間、すなわち価値を生む時間の割合を増やすこと

(2) 同じサービス提供時間内で生み出せる価値を高めること

の2つの選択肢があることになります。

しかし、ここで問題が生じます。

まず、総労働時間に占めるサービス提供時間を増やすといっても、その割合が１００％に近付けば、それ以上は生産性を高めることはできません。そして、店舗ビジネスにおける稼働率アップは、比較的早いタイミングで限界に達することになります。

そこで、同じサービス提供時間内で生み出せる価値を高めようと取り組むわけですが、そうはいっても、人が直接的にサービスを提供する以上、その生産性向上効果には限りがあるのです。

例えば、機械設備を用いて価値を生み出す製造業の場合、最新式の機械設備を導入することで、一人の社員が同じ時間内に生み出す価値を2倍、３倍と増やしていくことは不可能ではありません。

一方、人自体の生産性は、一定水準まで高まってしまえば、それ以上に向上させることは至難の業です。先に話題にのぼった美容院や整体院を考えればイメージがつきやすいのではないでしょうか。

美容院や整体院では、一人の社員が一度に対応できる顧客数には限りがありますし、サービス価格を値上げすることにも限界があります。そのため、従来と同じ時間でより多くの価値を生むといっても、２倍、３倍と増やしていくことは難しいのです。

私の経験則でいっても、店舗ビジネスにおいて、社員一人が生み出す価値、すなわち粗利は、１ヵ月に80万～１００万円もあれば大繁盛店といえるレベルです。

社員の生産性の向上に限界があるということは、必然的に、社員に支払うことができる給与額にも、自ずと限界が生じることになります。

例えば、社員一人が１ヵ月に生み出す価値が80万円の場合、少なくとも、社員にその額以上の給与を支払うことはできません。実際には、そこから家賃、水道光熱費など、店舗経営に必要なコストを控除し、かつ会社の利益も確保する必要がありますから、社員の給与に割り当てられる原資は、最大でも生み出す価値の半分以下の40万円弱になるでしょう。

いくら優秀な社員といっても、一定水準の生産性まで到達すれば、それ以上生産性が向上することはありません。しかし、社員のモチベーションを考えれば、その後ずっと給与を一定金額に据え置くというわけにもいきません。

そうなると、優秀な社員に多く給与を支払う分の原資は、会社の利益を減らすか、若手などの成長途中の社員に支払う給与額を抑えて捻出するほかありません。

実際、私がこれまでお付き合いしてきた企業の多くが、知らず知らずのうちにこのような事態となっています。

この状態では、優秀な社員を囲い込むことで短期的には会社にメリットがあったとしても、中長期的な視点で考えれば、収益性の低下や若手社員のモチベーション低下といった弊害をもたらす可能性があるのです。

❷―若手社員の活躍の機会が失われる

デメリットの2点目は、優秀な社員が上位ポジションに長期間にわたって滞留してしまうと、若手社員の活躍の場がいつまでたっても生まれない点です。

店舗ビジネスで働く人材の多く、特に優秀な人材は、ずっと現場で仕事をするのではなく、やがて複数店舗を統括するマネジメントや経営企画など、会社経営の中枢業務を担当する上位ポジションに就くことを希望する傾向にあります。現場業務の肉体的負荷が高い場合には、その傾向が顕著です。

しかしながら、店舗ビジネスでは現場以外の業務が直接的に価値を生み出すことはありません。ですから、先にお伝えした通り、生産性向上に限りのある店舗ビジネスでは、それほど多くの社員をマネジメントや経営企画などの中枢業務に就かせることはできないのです。むしろ、企業が生み出す価値が同じだとすると、現場以外を担当する社員が少なければ少ないほど、企業の収益性は高まることになります。

もちろん、店舗数が増え続けていけば、それとともに現場業務以外を担当するポジションも増えていくわけですが、あらゆるビジネスで競争環境が激しくなっている今の時代、中長期的に店舗数を増やし続けることは簡単ではありません。

このような状況下で、上位ポジションに同一の社員が長期間滞留しているとしたら、そのポジションを目指す若手社員はどのように感じるでしょうか。

「あの人がいる限り、自分はいつまでもこのままだ…」といったように、自らのキャリアに対する希望を失い、モチベーションを低下させてしまうことでしょう。

現場以外のポジションが限られている店舗ビジネスにとって、上位ポジションに特定の社員が長く滞留することは、若手社員のキャリアの停滞を招きます。その結果、若手社員のモチベーション低下や、最悪の場合は離職を招き、中長期的視点では会社経営にマイナスの影響を及ぼす可能性があるのです。

このように、優秀な社員を会社内に引き留めることには、メリットだけではなく、デメリットもあります。店舗ビジネスの特性を考えると、多くの経営者が持つ「優秀な社員を社内に囲い込んでおきたい」という考えは、会社に弊害をもたらすこともあるのです。

とはいえ、優秀な社員が会社から去っていってしまえば、短期的には会社にとってマイナスの影響が出ることは疑いようもない事実です。
この「優秀な社員を会社内に囲い込むことが難しい上に、囲い込むと弊害が生じる。かといって会社を去らせるわけにもいかない」という矛盾は、店舗ビジネスを営む企業経営者の多くが抱える悩みといえるでしょう。

店舗ビジネスを営む企業が今後も発展し続けていくためには、この問題を解決することが不可欠です。
これからの店舗ビジネスは、この問題にどのように向き合い、克服していくのか。店舗ビジネスを営む企業の経営者は、この先、このことを突き詰めて考えていかなければならないでしょう。

ここで私がみなさまにご提案したいのが、本書のテーマである「のれん分け」を活用して、積極的に優秀な社員の独立を支援する方法です。

「のれん分け制度」の導入で、あなたの会社が手にするメリット

「のれん分け」とは、日本に昔からある制度で、一説では江戸時代から存在するともいわれる伝統ある仕組みです。

その仕組みを簡単にまとめると、「会社で働く社員に対して、自社のブランドや経営ノウハウなどを提供し、お店を経営することを支援する仕組み」となります。

基本的な考え方は、優秀な社員に、会社内ではなく、一人の独立した経営者としてグループ内に留まって活躍してもらうことで、グループ全体での発展を実現しようとするものです。

のれん分け制度を導入することによって、あなたの会社は次のメリットを得ることができます。

❶ 優秀な社員にグループ内で活躍してもらうことで、グループ全体の競争力UP

経済が成熟化した現代では、あらゆる店舗ビジネスが激しい競争にさらされています。商品やサービスは同質化しており、それらだけで他社と差別化することは難しくなっています。

例えば、飲食業において「他のお店では取り扱っていない唯一無二の商品」を提供することは、超一流の料理人がいるケースを除けば、極めて難しいことでしょう。大半の飲食店は、似たような商品を提供する競合店が近隣に存在するのではないでしょうか。

また、たとえ唯一無二の商品の開発に成功したとしても、ヒットすればあっという間に模倣され、類似商品が出回ってしまうのが現代です。

経済が成熟化し、飲食店が過剰に存在する現代では、商品自体で競合店と差別化することは難しくなっているのです。

そのため、飲食店が競合店と差別化するポイントは、商品自体から、スタッフの心温まる接客や快適な食事をしてもらうための細かい気配りなどに移り変わってきています。

そしてこのことは、美容院や整体院などの他業種にもあてはまります。「髪のカット」や「施術」といったサービス自体では、今の時代、競合店との圧倒的な差別化を実現することは難しいのです。

このように、現代の店舗ビジネスにおいて他の企業との違いを生むポイントは、「商品・サービス自体」から「商品・サービスを提供する働き手のあり方」に移り変わってきています。

そのため、優秀な社員が会社を退職してしまうと、他の企業との違いを生む源泉が失われてしまうことになります。退職する社員に顧客が帰属している場合には、顧客基盤まで外部に流出してしまう可能性さえあるのです。

「これまで手間と時間をかけて育ててきたのに…」と、やるせない思いをしたことがある経営者の方も多いのではないでしょうか。

この状態を繰り返している限り、企業が発展していくことなどありえません。

その点、のれん分けでは、その名の通り、独立を支援した社員に会社が使用している看板＝ブランドを用いて店舗を経営してもらうことが前提となります。従来は退職とともに社外に流出してしまった優秀な社員をグループ内に囲い込むことができるため、優秀な社員はもちろんのこと、顧客基盤の流出も防ぐことができるのです。

また、独立した社員は一人の経営者となりますから、独立後は自らの人生をかけて本気で店舗経営に取り組むようになります。いくら優秀な社員といえども、会社に雇われているときと、自らがリスクを背負って経営をしているときとでは、仕事に対する本気度は大きく変わるのです。

過去に弊社がのれん分け制度づくりをお手伝いさせていただいた居酒屋チェーンを展開するS社では、独立してからわずか3ヵ月ほどで、店舗の利益を倍以上に増加させた独立者の例があります。

短期間でなぜそれほどの利益が出せるようになったのかを独立者に尋ねたところ、その答えは実にシンプルなものでした。

「命を削って働いているからですよ」

たったこの一言です。

この言葉が意味することは、経営者であれば誰もが理解できることだと思います。例えば、会社が倒産したら、社員は職を失うことはあっても、責任を取ることはありません。その責任を取るのは、経営者しかいないのです。この背負っている責任とリスクの違いは、仕事に対する姿勢に決定的な違いをもたらします。

どんなに優秀な社員であったとしても、経営者よりも本気で仕事に取り組むことなどありえません。裏を返せば、社員を本気の経営者に育て上げ、グループ内で活躍してもらうことができれば、店舗運営の質は自ずと高まり、結果としてグループ全体の競争力が向上するのです。

❷ 働く場としての魅力が高まり、優秀な人材を集めることができる

すでにお伝えした通り、人を通じて直接的にサービスを提供することが前提となる店舗ビジネスでは、機械設備を用いて価値を生み出す製造業や、ＩＴ機器を用いて価値を生み出す情報通信業などと比較して、社員一人が生み出せる価値には限りがあります。必然的に、店舗ビジネスを営む企業では、社員の給与やキャリアアップの道も、他業種と比べて限られたものとなってしまうのです。

この結果、あらゆる業種で人手不足問題が深刻化し、業種の枠を飛び越えて人材獲得競争が行われている現代において、他業種と比べて労働条件が劣りがちな店舗ビジネスは、人材獲得競争で全般的に劣勢に立たされています。

のれん分け制度の導入は、この前提条件を根本的に覆します。

まず、キャリアアップの道でいうと、のれん分け制度を利用して独立した社員は、会社の最高責任者である「社長」となります。しかも、通常の会社であれば、同時に社長になれるのは1名だけですが、のれん分けの場合、同時に何人でも社長となるこ

とができます。これは、考え方によっては、他のどの業界よりも、キャリアの道が開けていると捉えることもできるでしょう。

また、経営者は自らの努力次第で、いくらでも収入を増やしていくことが可能ですが、これは独立した社員にもあてはめることができます。努力をして売上や利益を増やせば増やすほど、自らの収入も比例して増えていくのです。しかも、経営者となれば2店舗目、3店舗目と多店舗展開をしていくことも可能ですから、その先に上限はありません。

一方で、自らの労働時間を減らしたいと思えば、代わりの人材を雇用することで、自らが働く時間を抑制しつつ、一定の収入を得ることもできます。

収入を増やすことを目指すのか、仕事と生活のバランスを取ることを目指すのか、すべては独立した社員の考え方次第となります。

このように、のれん分け制度を導入することで、店舗ビジネスが抱える社員の給与やキャリアアップの限界を克服することができるのです。

当然、社員の視点で考えてみれば、のれん分け制度を備えている企業には、働く場としての魅力を感じることでしょう。

ですから、のれん分け制度が会社に整っていることを積極的に社内外に情報発信していくことで、激化する人材獲得競争でも優位に立つことができ、安定的に優秀な人材を採用することが可能となりますし、すでに会社に在籍している社員のモチベーションアップや定着化も進んでいくことが期待できます。

この結果、会社の競争力が高まり、ビジネスの拡大につながっていくのです。

❸—会社の負担を増やさずに、店舗数を増やすことができる

直営店舗で多店舗展開を進めていくと、ある一定規模を超えたあたりから、徐々に経営者の目が各店舗に行き届かなくなるようになります。この「一定規模」が何店舗になるかは経営者によってまちまちですが、だいたい3〜10店舗程度が基準となることが多いようです。この規模を超えると、各店舗の運営品質を維持することがとても難しくなってきます。

各店舗の運営品質を一定水準以上で維持しようと考えれば、会社は相応の手間と時間をかけて、店舗のマネジメントをしていかなければなりません。

例えば、直営店舗の中で顧客からのクレームが頻発する店舗が現れたとしたら、会社全体の評判を落とさないためにも、経営者やマネージャーが現場に入り込んで改善を行うようなこともあると思います。

それでは、このような問題店舗が複数現れたとしたらどうでしょうか。考えるだけでも恐ろしいことですが、直営店舗で多店舗展開を進めていくと、このような場面に高い確率で遭遇することになります。

よく、3〜10店舗の壁などといわれることもありますが、これは多店舗展開に伴い、問題店舗の発生確率が高まる一方、経営者の目が個別の店舗に行き届かなくなってしまうことが原因といえます。

この点、のれん分けで独立した社員は、自らの責任において店舗を管理する立場になります。のれん分けを認められる優秀な社員が、一経営者の立場となって本気で店舗のマネジメントに取り組むわけですから、その店舗で問題が発生する確率は、直営店舗と比べれば圧倒的に低くなります。

よって、会社から見ればのれん分けで独立した社員が管轄する店舗は、直営店舗ほどマネジメントの手間がかからなくなるのです。会社は、この分の浮いた余力を、他の直営店舗のマネジメントに費やすことができるわけです。そのため、直営店舗だけでの展開時と比べれば、会社は少ない負担で店舗の運営品質を維持しながら、店舗数を増やしていくことができるようになります。

❹—「身軽経営」を実現できる

直営店舗で店舗展開している場合、当然ですが、店舗の収益責任はすべて会社が負っています。仮に社員の店舗運営のあり方に問題があり、そのことが原因で店舗の収益が赤字に陥ったとしても、その責任を取るのは会社であり、経営者です。

しかも、昨今では環境変化の速度が年々増してきています。予期しない環境変化が発生し、会社の売上が急激に減少することが、現実的に起こる時代に突入しているのです。

仮に急激な環境変化が発生し、店舗売上が激減したとしたら、会社はどうなるでしょうか。

いくら売上が減少したとしても、直営店舗で発生する人件費や家賃等の固定費は会社が負担しなければなりませんから、たちまち赤字に陥り、場合によっては資金繰りに窮することにもなりかねません。

この点は、大きな固定費負担を抱える店舗ビジネスにおいて、現代の重大なリスク要因となっています。

一方、のれん分けで独立した社員が経営する店舗の収益責任は、独立者が負うことになります。そのため、仮に急激な環境変化が発生し、店舗の売上が激減したとしても、独立者の店舗で発生する人件費や家賃は、独立者が負担することになります。

もちろん、会社ものれん分け店舗から支払われるのれん代やロイヤリティなどが減少することになるでしょうが、会社と独立者で環境変化による売上減少の負担を分散して負うことになるため、会社単体で見たときには、環境変化によるダメージを抑制

直営店舗	のれん分け
●人件費や家賃は会社が負担	●人件費や家賃は独立者が負担
●店舗展開時に本部の先行投資が必要	●独立者の自己資金や借り入れた資金を活用
●環境変化による負担を本部単体で負うため、ダメージが大きい	●環境変化が起きても経営者と独立者で分散して負担を負うため、リスクを軽減できる

することができるのです。

また店舗ビジネスは、店舗を開店するために一定規模の先行投資が必要であり、その投資資金を複数年かけて回収していくビジネスモデルです。店舗投資が先行するため、必要となる投資資金は、よほど資金面での余力がある会社を除き、ほとんどは金融機関からの借り入れで賄うことになります。そのため、直営店舗による展開の場合、店舗展開スピードが増してくると、どうしても会社の借入金が膨らみ、財務体質が悪化してしまいます。その結果、会社の環境変化への適応力は低下していくことになるのです。

この点についても、のれん分け制度では独立者の自己資金及び独立者が借り入れた資金を一定程度活用することを前提とするため、直営店舗による展開時と比較すれば、会社の資金負担は軽減され、金融機関からの会社の借り入れも減らすことができます。

このように、のれん分け制度を活用することで、会社は環境変化に強い「身軽経営」を実現することができるのです。

なお、「身軽経営」については、第2章でより詳しく触れていきたいと思います。

時代に合わなくなりつつある「昔ながらののれん分け」

このように、のれん分け制度を導入することで、あなたの会社はビジネス拡大のための様々なメリットを享受することができるのです。

しかし、のれん分け制度が生まれた時代と今とでは、会社を取り巻く環境やのれん分け制度を導入する目的も大きく変化しています。

そのため、昔ながらののれん分け

制度では、時代にそぐわない面が多々見られるようになっていることもまた事実です。

昔ながらののれん分け制度は、長年会社で働き、会社に大きく貢献してくれた社員に対して、社員が一人前になったときに、その恩返しとして、会社が社員の独立を支援する形で運用されてきました。

社員が長年にわたり会社に貢献してきた「結果」として、のれん分けにより独立することが認められていたのです。ですから、昔ながらののれん分け制度では、独立する社員は事業成功に必要な知識・技術を有しており、かつ、会社との十分な信頼関係が築かれていることが、のれん分けによる独立の前提条件となっていました。

そのため、昔ながらののれん分け制度では、独立した社員から会社に対してのれん代やロイヤリティといったように何らかの金銭的支払いがある場合であったとしても、会社と独立者との間に十分な信頼関係が構築されていることを根拠に、ルールが曖昧な状態で運用されることがしばしばありました。例えば、のれん分け契約書などの書面が用意されることなく、口約束で運用されていることもあったほどです。

一方、現代では、のれん分け制度を「純粋な社員への恩返し」として導入するケースはほとんどありません。多くの場合、次のような「会社の事業発展」にかかわる目的が含まれています。

「のれん分けによる独立」という選択肢を社員のキャリアパスの一つとして明示することで、会社の働く場としての魅力を高め、人材獲得競争に優位に立つとともに、のれん分けを店舗展開の一つの手段として活用し、多店舗展開を加速させる。

「昔」と「今」のこの前提条件の違いは、のれん分け制度の運用に大きな影響を及ぼします。

具体的に考えてみましょう。

❶ 目的に「多店舗展開を加速させること」が含まれる場合

のれん分け制度を導入する目的に「多店舗展開を加速させること」が含まれる場合、会社が目指す展開スピードに社員の成長スピードが追いつかない事態が生じる可能性があります。

本来であれば、社員が事業成功に必要な知識・技術を習得し、かつ会社の経営理念や方針が十分に浸透した状態、すなわち完全に信頼してお店を任せることができるようになった段階でのれん分けによる独立を認めることが理想です。しかし、多店舗展開を加速させることを最優先に考えるのであれば、展開スピードを優先して、完全に信頼できる状態にまでは社員が成長していなかったとしても、ある程度成長したところで、のれん分けによる独立を認める判断がなされることも当然あることになります。

このような対応は、のれん分け制度の導入目的が「純粋な社員への恩返し」の時には発生し得ない事態です。

❷ 目的に「会社の働く場としての魅力を高めること」が含まれる場合

のれん分け制度を導入する目的に「会社の働く場としての魅力を高めること」が含まれる場合、従来のように、社員が会社に貢献してきた「結果」としてののれん分けが認められるのではなく、のれん分けによる独立という選択肢が「予め」社員に示されていなければなりません。

特に働き手の権利者意識が強まる現代では、「頑張って会社に貢献してくれたら、いつか独立させてあげるよ」では、社員が納得してくれません。

- のれん分け制度を利用するにはどのような条件を満たす必要があるのか
- 最短何年程度で独立できるのか
- のれん分け制度を利用するとどのようなメリットがあるのか

などといったことを社員に予め明示しなければ、のれん分け制度に対する社員の信頼感を保つことができないのです。

しかしながら、のれん分けによる独立という選択肢を社員に予め示すことで生じる問題があります。

例えば、「入社してから最短5年で独立できるのれん分け制度を用意しました」と社内に発表したとします。そうすると、独立に興味をもつ社員はモチベーションが上がるかもしれません。
ところが、入社してから5年経過し、のれん分け制度の利用を希望した社員の中に、心の底から信頼してお店を任せることができる人物がいなかったとしたらどうなるでしょうか。

会社の視点で考えれば、「該当者なし」として、のれん分け制度の利用を認めたくないところでしょう。しかしながら、この状態が続いた場合、これを社員の視点で考えるとどのように映るでしょうか。

「最短5年で独立できる」と公表されていて、かつ5年以上勤務した社員がのれん分け制度の利用を希望しているにもかかわらず、実際に独立できる社員がいないのです。
独立を希望した社員に、のれん分け制度の利用を認めなかった理由を丁寧に説明するにしても、信頼してお店を任せられない理由を、根拠を示して具体的に説明し、相手に納得してもらうことは、そう簡単なことではありません。独立を認められなかった社員が、のれん分け制度に対して不信感を持つことは避けられないでしょう。そして、その状況を目の当たりにした他の社員にも不信感が連鎖していく可能性さえあります。

継続的に運用していく会社の仕組みが、はじめから社員に不信感を持たれてしまったのではたまったものではありません。ですから、このような事態に陥った場合、たとえ独立を希望した社員が完全には信頼をしてお店を任せることができない人物であったとしても、会社は少々のことには目をつむって、独立を認めざるを得ない事態が生じうるのです。

この2つの例をお読みいただいて、お気づきになられたでしょうか。

目的が「純粋な社員への恩返し」であった昔ながらののれん分け制度は、会社と独立する社員との間に十分な信頼関係が構築されていることを根拠に、口約束など、ルールが曖昧な状態で運用されてきていました。

ところが導入目的に「会社の事業発展」にかかわる内容が必ずといっていいほど含まれている現代ののれん分けでは、その「十分な信頼関係」という前提条件が成り立たない可能性があるのです。

現代のれん分け

- 社員のキャリアの選択肢の一つ
- 多店舗展開への対応

▼

制度の構築が必要

制度の利用条件、何年で独立できるか、
メリットなどを予め明示する必要あり

このような状態では、当然に会社と独立した社員との間で、のれん分け後にトラブルが発生する可能性が高まることになります。

実際、弊社が定期的に開催しているのれん分け制度構築セミナーでも、ご参加いただく方の何割かは、「すでにのれん分け制度を導入しているものの、独立した社員との間で何らかのトラブルが起きている」という方がいらっしゃるのです。

せっかく社員のためを思ってのれん分け制度を導入したにもかかわらず、結果的にトラブルが発生し、会社も社員も不幸になってしまったのでは本末転倒です。このようなことが起きないよう、今の時代に合わせた形でのれん分け制度のあり方を見直していかなければならないのです。

経営者の悩みを解消する「21世紀ののれん分け」とは

それでは、これからの「のれん分け」はどのようにあるべきなのでしょうか。

この点、私は次の３つの要件を備えているものこそが、21世紀に成功するのれん分け制度のあり方であると考えています。

❶ のれん分け制度を具現化して、キャリアの選択肢として社員に明示する

１つ目の要件は、予めのれん分け制度の仕組みや利用条件を具現化し、キャリアの選択肢として社員に明示することです。

昔ながらののれん分けは、社員が長年にわたり会社に貢献してきた結果として、のれん分けによる独立が認められていましたが、先にもお伝えした通り、のれん分け制度の導入目的が変わり、働き手の権利者意識も強まる現代では、従来のように会社に

貢献してきた「結果」としてののれん分けが認められる昔ながらののれん分け制度のあり方は、社員に受け入れられません。

現代では、はじめにのれん分け制度の仕組みや利用条件を明示しなければ、のれん分け制度に対する社員からの信頼を得ることができないのです。

のれん分け制度のことでご相談に訪れる経営者によくみられる考えが、「のれん分け制度の利用希望者が現れてから制度を構築しよう」というものですが、このような考えでのれん分け制度が上手くいくことはまずありません。

のれん分けによる独立という選択は、社員にとっては人生を左右する重大な決断です。そのような重大な決断であるにもかかわらず、形が不明瞭なものを選べる社員などいるでしょうか。

少なくとも、私はそのような選択をした社員を見たことがありませんし、そのような選択をするべきではないと思います。

のれん分け制度を活用して、会社の発展と社員の自己実現を両立させたいと考えるのであれば、その前提としてのれん分け制度を具現化し、予め社員のキャリアの選択肢として明示しなければならないのです。

目に見える形があり、それが経営者からのれん分け制度導入の想いとともに全社員に共有されることによって、はじめてのれん分け制度に対する信頼感が醸成でき、社員のモチベーションアップにつながっていくのです。

❷—会社と独立者の対等な関係性を実現する仕組みを設計する

２つ目の要件は、会社と独立者が対等な関係となるよう仕組みを設計することです。

先に現代ののれん分けでは「十分な信頼関係が成り立たない可能性がある」とお伝えしましたが、そうはいっても、のれん分け制度の成功を左右する最重要ポイントは、会社と独立者との間に深い信頼関係をもてるかどうかであることは間違いありません。

ですから、会社としては、独立者との間の信頼関係を維持・深化できるよう、最善を尽くさなければなりません。

この信頼関係を維持・深化させていく上でポイントとなるのが、会社と独立者との間に対等な関係性を実現することです。

例えば、会社の利益を優先しすぎるあまり、独立者から適正値よりも高いロイヤリティを支払ってもらうとします。この結果、独立者が独立するリスクや負担に見合う利益を得られなかったとしたならば、会社を信頼し続けることができるでしょうか。

逆に、独立者の利益を優先しすぎるあまり、ロイヤリティを適正値よりも低くした結果、会社の利益が大幅に減ってしまうのだとしたら、そのような仕組みが果たして継続するものでしょうか。

会社の利益が大幅に減るということは、会社で働く社員がその割を食う羽目になるわけですから、そのような仕組みが継続するはずがありません。

どのような関係にも言えますが、お互いの関係性が対等でない場合、どちらかが我慢することが前提となります。そのような関係性では、信頼関係など成り立つはずがありません。

これはのれん分けでも同じです。

会社と独立者の信頼関係を維持・深化していくためには、「会社と独立者の対等な関係性」を実現することが不可欠なのです。

なお、私の経験則で申し上げると、のれん分け制度を導入しようとする経営者は、社員想いの方が多く、社員に有利な制度設計をしようとする傾向にあります。

このような経営者の想いは、一時的には独立者のためになるかもしれませんが、中長期的には両者の関係にひずみを生むことになり、結果として双方を不幸せにする可能性があることを認識しなければならないでしょう。

❸―会社と独立者の権利と義務を明文化する

３つ目の要件は、伝統的なのれん分けの精神、すなわち社員との信頼関係に基づく取り組みであることを大切にしつつも、現代では信頼関係だけで問題を解決することには限界があることを認識し、双方の権利と義務を契約書等の形で明文化・共有化することです。

もちろん、会社と独立者との間に、盤石な信頼関係があることが理想です。

しかしながら、先にもお伝えした通り、現代におけるのれん分けでは、昔とは異なり、会社と独立者の信頼関係を前提とすることが難しくなっています。

また、そもそも論として、たとえ現時点で会社と独立者との間に一定の信頼関係があったとしても、それが未来永劫続く保証はありません。

どのような関係であれ、時の流れとともに、その関係には良くも悪くも変化が生じると考えることの方が自然ではないでしょうか。

ですから、のれん分けによる独立時点で、会社と独立者との間に一定の信頼関係が築かれていたとしても、そのことを過信することなく、お互いの考えや認識に相違がでることを予め想定し、そのような事態が発生した際にも争うことなく解決できるよう、双方の権利と義務を十分に話し合い、合意した内容を漏らさず契約書等の形で明文化・共有化しておかなければならないのです。

以上の3つの要件を備えているものこそが、これからの時代に成功する「21世紀ののれん分け」のあり方といえるでしょう。

フランチャイズの欠点を補い、「Win-Winの関係」を築くシステム

ここまで、これからの時代に成功する「21世紀ののれん分け」のあり方をご紹介してきましたが、読者の中には、「会社と独立者が対等な関係となるよう仕組みを設計すること」や「会社と独立者の権利と義務を明文化すること」といった要件から、「それってフランチャイズではないの？」と思われた方がいるかもしれません。

のれん分けとフランチャイズの違いは、私がのれん分けに関していただく質問の中でも、最も多い内容です。この問題を考えるにあたっては、はじめにフランチャイズがどういうものなのかを知っておく必要があります。

フランチャイズとは、一般的には次の３つの要件を満たすものをいいます。

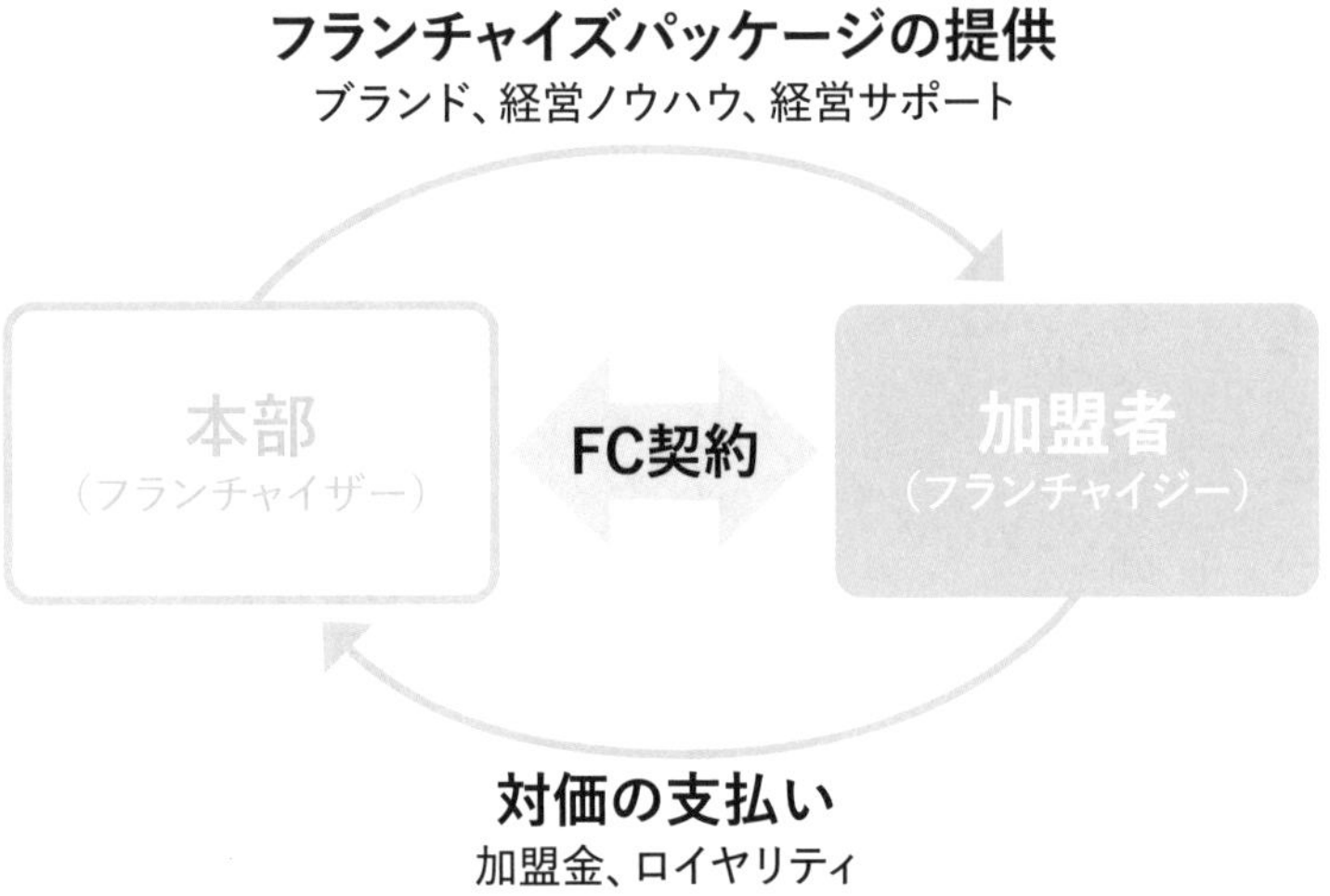

（1）フランチャイズ本部は加盟者に対して、事業に成功するためのブランドや経営ノウハウ、経営サポート（＝フランチャイズパッケージ）を提供する

（2）加盟者は、フランチャイズ本部からフランチャイズパッケージを提供される見返りに、フランチャイズ本部に対して加盟金やロイヤリティ等の対価を支払う

（3）フランチャイズ本部と加盟者はそれぞれ独立した事業者として、対等な立場で、互いの権利と義務を明文化した契約を締結する

フランチャイズと聞くと難しく感じる

のですが、その仕組みは「フランチャイズ本部が提供するサービスを、加盟者が購入する」もので、一般的な商取引と全く同じ構造です。

そしてこのように見てみると、のれん分けもフランチャイズと同じ構造であることがわかります。**実は、21世紀ののれん分けはフランチャイズの一種なのです。**

さて、それではフランチャイズとのれん分けで何が違うのでしょうか。

細かい違いは色々とあるのですが、その本質的な違いは実は1つしかありません。それは、**「加盟者が本部とは関係のない第三者か、本部で働いていた社員か」**という1点です。

先にもお伝えした通り、店舗ビジネスは店舗投資が先行し、その投資資金を複数年かけて回収していく特性があるため、直営店舗による展開は、資金面での制約により、どうしても展開速度に限界が生じます。

その限界を克服するために生まれた仕組みがフランチャイズです。フランチャイズでは、本部の資本だけではなく、加盟者の資本を活用して店舗を展開していくことにより、本部を資金面の負担から解放し、店舗展開の速度を飛躍的に高めることに成功しました。

このような背景から生まれたフランチャイズは、基本的にそれまで本部とは関係のない第三者を加盟対象とすることを前提としています。本部の理念やビジョン、ビジネスモデル等に興味をもち、フランチャイズ加盟を希望する第三者を加盟対象として急速な多店舗展開を実現するのです。そのため、加盟時点では、本部は加盟者が信頼できる人物なのかどうか、詳しくはわかりません。

また一般的にフランチャイズの加盟者は、本部からの経営ノウハウの提供や、本部による経営サポートを期待してフランチャイズに加盟することを選択します。そのため、本部が展開するビジネスについて、加盟者には知見も経験もないことの方が多いのです。

一方、のれん分けの場合は、会社で働く社員が加盟対象となります。これまで数年単位で一緒に働いてきた社員ですから、フランチャイズとは違って、本部は加盟者が信頼するに足る人物かどうか、十分に知っています。

また、会社で実務経験を積んでいるわけですから、本部が展開するビジネスについて、一定程度の知見と経験を有していることも保証されています。

このように、フランチャイズとのれん分けの本質的な違いは、加盟者が本部とは関係のない第三者か、本部で働いていた社員か、という違いしかありません。

しかしながら、この違いにより、

・本部と加盟者の信頼関係の有無
・本部が展開するビジネスに対する加盟者の経験や知見の有無

の2点が大きく変わることになり、その結果、細かい仕組みにも違いが生じることになります。

例えば、フランチャイズの場合は、加盟者が本部のビジネスの素人である可能性が高いですから、本部としては、素人でも一定水準以上の店舗運営ができるよう、開業前に店舗運営方法や技術の習得を目的とした研修を行わなければなりません。また、店舗開業時には、本部のスタッフが現場支援に駆け付ける必要もあるかもしれません。

その点、のれん分けの場合には、加盟者となる社員は本部のビジネスの経験者ですから、店舗運営研修や開業時の現場支援は、多くの場合必要ないかもしれません。

そして、本部が展開するビジネスに対する加盟者の知見や経験の差よりも重要なことが、「本部と加盟者の信頼関係の有無」です。

フランチャイズにしろ、のれん分けにしろ、独立した事業者が共同で事業を行っていく仕組みですから、成功のために何よりも大切ことは、本部と加盟者間の信頼関係の有無です。

ところが、フランチャイズの場合、加盟時点で本部と加盟者の間に強い信頼関係はありません。もちろん、フランチャイズ契約締結までの流れの中で信頼関係を築いていくわけですが、それほど短期間で、一定程度の信頼関係を築き上げるのは難しいことでしょう。

フランチャイズは企業が多店舗展開を進める上で極めて有効なシステムといえますが、残念ながら、本部と加盟者間でトラブルが頻繁に発生していることもまた事実です。

この点は、フランチャイズの最大の欠点といえるでしょう。

一方、のれん分けの場合は、加盟時点で本部と加盟者の間に一定の信頼関係が構築されています。もちろん、現代では盤石な信頼関係とまではいかないかもしれませんが、それでも第三者を加盟対象とするフランチャイズと比較すれば、その優位性は明らかです。そのため、のれん分けの方が、フランチャイズよりも本部と加盟者との間でトラブルが生じる可能性は低いのです。

また、独立までに本部と加盟者間で十分なコミュニケーションがとられているのれん分けの方が、理念やビジョンの共有度合いも高いはずです。そのため、フランチャイズと比較して、のれん分け店舗の方が運営品質も高くなることが期待できます。

このように、のれん分けではフランチャイズの最大の欠点である本部と加盟者間の信頼関係の限界問題を補うことができ、本部と加盟者間の真のＷｉｎ－Ｗｉｎの関係性を築くことができるのです。

実際、最近では一度本部の社員になった人でないと加盟を認めないのれん分けスタイルでフランチャイズ展開を進める本部も現れてきています。のれん分けは、フランチャイズの欠点を補うシステムとして、今後も普及・発展していくことは間違いないでしょう。

飲食業界以外でも応用可能。整体院や音楽教室などでも導入の実績

ここまで、21世紀ののれん分け制度について、その魅力をお伝えしてきましたが、読者の中には、自分の会社にのれん分け制度を導入することができるのか、疑問に感じている方がいるかもしれません。

のれん分け制度は、主に飲食業や美容業で導入が進んできた歴史があります。そのため、飲食業や美容業以外の事業を経営されている方は、イメージがわかないのも当然のことでしょう。

この点はご安心ください。飲食業や美容業以外でも、基本的に次の条件を満たして

いれば、のれん分け制度を導入することは可能です。

❶—直営事業として、十分な収益をあげていること

のれん分け制度では、本部は独立した社員からのれん代やロイヤリティなど、本部が提供するノウハウやサポートの対価を支払ってもらうことが一般的です。そうでなければ、本部と独立者の関係がＷｉｎ－Ｗｉｎとはなりませんから、本部は少なくとものれん分け制度の運用に必要なコスト＋α程度は、何らかの対価を得るべきでしょう。

一方で、独立した社員の収入が独立前よりも増えなければ、社員はリスクを負って独立しようとは考えないでしょう。独立する社員が独立後に本部に支払う対価を引いた後にも、独立前よりも収入が増えることが、のれん分けにより独立をする前提となります。裏を返せば、それを実現できる程度に直営事業として収益があがっていることが、のれん分け制度を導入する前提条件となります。

❷一定水準の収益を上げるためのノウハウや方法論が確立していること

のれん分けで独立した社員は、以降、自らの責任において経営をしていくことになります。本部はサポートこそしますが、独立者の代わりに経営をすることはできません。そこで、のれん分けによる独立者が継続的に安定した経営をしていくためにも、そのためのノウハウや方法論を確立しておかなければなりません。

会社によっては、本部経営者個人の特殊能力によって事業が成功しているようなケースがありますが、このような場合は、のれん分け制度を利用して独立した社員が同様に成功できるとは限りませんから、のれん分け制度を導入することは難しいかもしれません。

❸本部経営者に「独立する社員を絶対に成功させる！」という情熱と覚悟があること

私がのれん分け制度を成功させるために最も大切なことだと考えているのが、本部経営者に「独立する社員を絶対に成功させる！」という情熱と覚悟があるかどうかです。

本部経営者がその情熱と覚悟をもって、社員の独立後も全力でサポートを行っていくのであれば、独立後、少なくとも直営店舗の時と同程度の成績を出せることは間違いありません。

逆に、本部経営者にその情熱と覚悟がなければ、独立後の実績は、独立者の資質や能力に大きく影響を受けることになります。

会社経営にも通じることですが、結局は、のれん分け制度を導入する本部経営者の姿勢が、のれん分け制度の成否を左右する決め手となるのです。

このように見てみると、のれん分け制度導入のハードルはそれほど高くないことがおわかりいただけたのではないでしょうか。

実際、弊社も多くの企業ののれん分け制度づくりをサポートしてきましたが、対応した業種の一例を挙げると、飲食業や美容業はもちろんのこと、鍼灸接骨院、整体・マッサージサロン、まつ毛エクステサロン、小顔矯正サロン、パソコンスクール、学習塾、ゴルフ教室、音楽教室、体操教室、ヨガ教室、パーソナルトレーニングジム、介護サービス、清掃サービス、コミュニティサロン、不動産業など、その業種は多種多様です。このハードルの低さや応用範囲の広さも、のれん分け制度の特徴の一つといえるでしょう。

信頼できる元社員たちと協力して、会社を大きく飛躍させていこう！

のれん分け制度を活用することで、これまでは会社を去ってしまっていた優秀な社員を、一人の経営者としてグループ内に囲い込むことができるようになります。優秀な社員の持つノウハウや顧客基盤をグループ内に蓄積できることはもちろんですが、会社に貢献してくれた信頼できる社員と、対等な立場で中長期的に事業に取り組んでいけることは、会社の経営者としても歓迎できることではないでしょうか。

昨今、日本経済の成長が鈍化する一方、グローバル化、技術革新、情報化の進展等の影響により、ありとあらゆるビジネスにおいて競争環境の激化や経営環境の急変が発生しています。このような環境の中、社員が雇われ精神で働いているとしたら、そのような会社はこの先、競争に勝ち残ることはできないでしょう。

これからの世の中は、社員全員が経営者マインドをもって、厳しい経営環境に立ち向かい、乗り越えていくことが求められる時代です。とはいえ、責任やリスクを負っていない社員に、「経営者マインドを持て！」というのは無理があります。責任やリスクを負わない限り、経営者マインドなど持ちようがないのです。

のれん分け制度を活用して、グループ内に「同じ志を持つ経営者集団」をつくることができれば、これほど心強いことはありません。どのような企業と競争になったとしても、また経営環境の急変が発生したとしても、グループ内に「同じ志を持つ経営者集団」がいれば乗り越えることができるはずです。

信頼できる元社員たちとＷｉｎ－Ｗｉｎの関係を構築し、力を合わせて会社を大きく飛躍させていく。

これこそ、これからの時代に店舗ビジネスの拡大を実現する最良の手法といえるのではないでしょうか。

第2章

「ポストコロナ」の時代こそ、のれん分けの強みが活きる！

新型コロナは新時代へ対応する必要性を顕在化させた

２０２０年に入って本格化した新型コロナウイルス感染症の世界的流行は、世の中にこれまでにない大きな環境変化をもたらすことになりました。日本国内においても感染拡大を止めることができず、２０２０年4月には新型インフルエンザ等対策特別措置法に基づく緊急事態宣言が発令され、店舗ビジネスの多くはまともに営業することさえできない状況に追い込まれました。

新型コロナの感染拡大とともに、私たちを取り巻く環境にも様々な変化が起きています。例えば、テレワークの急速な普及や人々の外出自粛により、都心や繁華街に訪れる人が減少し、そのような立地に存在する店舗事業者は業績不振に苦しんでいます。また、店内飲食をメインとした飲食店は、国や自治体からの時短営業要請や飛沫感染予防の観点から顧客の来店が激減し、事業継続の危機に瀕しています。

いずれも、いつになったらコロナ禍以前の状態に戻るのか、そもそもコロナ禍以前の状態に戻ることがあるのか、全く先が見通せない状態です。

このように、新型コロナは世の中にかつてないほどの大きな影響を与えることになりました。新型コロナが引き起こした危機に対して、あらゆる人や企業が、なんとかこの状況を乗り越えるべく、必死になって取り組んでいます。今は、一刻も早くこの問題が収束することを願うばかりです。

一方で、新型コロナは数年前からはじまっていた新時代へ企業が対応する必要性を顕在化させたことも事実でしょう。というのも、新型コロナの発生以前から、現代の経営環境は「VUCA（ブーカ）」化しているといわれていたのです。

VUCAとは、現代の経営環境の特徴を示す

・Volatility（変動性）
・Uncertainty（不確実性）
・Complexity（複雑性）
・Ambiguity（曖昧性）

の４つのキーワードの頭文字を取ったもので、一言でいうと「将来の予測が困難な時代になった」ということを意味します。

実際、新型コロナの問題は、２０１９年の後半には、すでに世界の一部で発生したことが確認されていましたが、その時点では、日本にいる私たちにとって他人事とも感じられる遠い話ではなかったでしょうか。

その問題がまたたく間に世界中に広がり、日本においても緊急事態宣言が発令され、経済活動を全面的にストップせざるを得ない状況に追い込まれてしまったのです。まさに「将来の予測が困難な時代」を端的に示す事柄といえるでしょう。

このような事態となった背景に、情報化やグローバル化、技術革新の進展といった現代特有の要因により、経営環境のＶＵＣＡ化が進んでいた事実があることは間違いありません。

昨今の新型コロナ危機も、発生したタイミングが今ほどグローバル化や技術革新が進んでいない時代であったのならば、これほど世界中に広まることはなかったかもしれません。

そして、あまり考えたくないことですが、現代の経営環境を見渡してみると、新型コロナのように世の中のあり方を大きく変える出来事は、今後も発生するものと考える方が自然なように感じます。

新型コロナは、企業が今後も事業を継続・発展していくためには、新時代、すなわち将来の予測が困難な時代に対応していかなければならないことを明確に示しました。現代の企業は、新型コロナの問題をきっかけに、経営環境のＶＵＣＡ化が進む新時代に対応していかなければならないのです。

ＶＵＣＡ化が進む新時代に企業が存続・発展していくための条件

経営環境のＶＵＣＡ化が進む現代は「環境の急変」が起きる時代です。したがって、今後も事業の継続・発展を目指す企業は、これからは急激な環境変化が生じることを前提に、その変化に適応できる経営力を身に付けていかなければなりません。

それでは、環境の急変がいつ起きてもおかしくない新時代において、企業が存続・発展していくためには、どのような要件を備えておかなければならないのでしょうか。

この点、私は次の３つの要件を満たした経営を実現することが、ＶＵＣＡ化が進む新時代に不可欠なのではないかと考えています。

❶―収入が激減しても当面事業を継続できる強固な財務基盤をつくること

ＶＵＣＡ化が進む新時代は、いつ、何が起きるのか、予想できない時代です。生じうる環境変化を予測し、その対応策を万全に準備していたとしても、その想像をはるかに超える環境変化が起きる可能性があるのです。

その実例が、新型コロナ危機でしょう。実際、新型コロナ危機の到来を予測し、対策を講じていた企業など見たことがありません。

しかしながら、ここで泣き言をいったところで、新型コロナをはじめとする環境変化は待ってはくれません。ＶＵＣＡ化が進む新時代は、このような予測不可能な環境変化が発生することを前提に、それでも事業を継続・発展させられる体制を整えておかなければならないのです。

これは、経営者にとって理不尽極まりない話であることは重々承知していますが、それが現実であり、今後のためにもその現実と向き合っていかなければなりません。

この際に企業の命運を左右するのが、「企業に強固な財務基盤が構築されているかどうか」です。

予測不能な環境変化により売上や利益が急減する可能性をゼロにできない以上、企業はそのような事態に陥ったとしても、一定期間は事業を存続させることができる強固な財務基盤を構築しておく必要があるのです。具体的には、生み出した利益を企業内部に留め、会社の自己資本を充実させることです。

これまでは、稼いだ利益を会社内部に蓄えていることをネガティブに捉える風潮がありました。しかし、万が一の事態に備えて会社が潤沢な資金をもつことは、今後の新時代を生き延びる上で不可欠な要素となることでしょう。強固な財務基盤があれば、一定程度の赤字にも耐えることができますし、金融機関からの協力も得やすいからです。

売上や利益が急減しても一定程度耐えられる強固な財務基盤を築いておくことは、これからの新時代を企業が生き抜くための必須条件となるのです。

❷―複数の事業の柱をつくり、収入が途絶えるリスクを抑制すること

強固な財務基盤を構築することに加えて、仮に予測していなかった急激な環境変化が発生したとしても、収入が途絶えることがないようにビジネスモデルを構築しておくことが、これからの企業にとって重要な課題となるでしょう。そのためにも、これからの新時代は、1つの店舗の中でも複数の事業の柱を用意しておくことが求められるのではないでしょうか。

例えば、新型コロナの影響で飲食店の多くが苦境に立たされる中、ハンバーガーチェーン最大手のマクドナルドは業績好調を維持しています。これは、新型コロナの影響によってイートインの売上が低迷する一方で、急増したテイクアウトやドライブスルーの需要を上手く取り込むことができた結果ともいえます。

ここで本質的に着目すべき点は、**マクドナルドが１つの店舗の中に、イートインとテイクアウト、ドライブスルーという複数の事業の柱をコロナ禍以前から構築していたことです。**

コロナ禍によってテイクアウトやドライブスルーに対する需要が急増したことは偶然です。マクドナルドもコロナ禍を見据えてテイクアウトやドライブスルーを強化していたわけはないでしょうから、同社にとって、イートインの売上減少分をテイクアウトやドライブスルーの売上増加で補うことができたのは、ラッキーだったというほかありません。

しかし、仮にテイクアウトやドライブスルーの需要が急増していなかったとしても、同社はイートイン以外に複数の事業の柱を有している分、イートインに依存している飲食店と比べれば、コロナ禍の影響を軽微に抑制できていたことは間違いないでしょう。それだけ、マクドナルドの店舗の事業構造は環境変化に強いということができるのです。

1つの店舗の中に、利用する顧客層や用途の異なる複数の事業の柱を持っていれば、何らかの環境変化が発生し、1つの事業の柱が折れてしまったとしても、その他の柱で最低限度の収益を得られる可能性は残ります。もちろん、すべての柱が折れてしまう可能性もあるのですが、柱が1つしかないときと比べれば、そのリスクを抑制することができるのです。

これからの時代は急激な環境変化が発生することを前提とするのであれば、環境変化が業績に与える影響を少しでも低減できるよう、1つの店舗の中でも事業の柱を分散化しておくことが不可欠となるのです。

❸─売上減少と比例して削減することができない固定費負担を圧縮すること

いかなる事前対策を施したとしても、急激な環境変化によって売上が急減するリスクをゼロにすることはできません。そのため環境の急変が起きることを前提とする新時代は、万が一急激な環境変化によって売上が急減したとしても、売上の減少幅に合わせて経費を削減できるようにしておく必要があります。

したがって、会社の経費構造も、売上の大小にかかわらず生じる固定費の割合をできる限り圧縮して、売上に応じて増減する変動費の割合を高めておかなければなりません。

たとえ売上が急減したとしても、会社の経費構造が売上と比例して増減する変動費の占める割合が高くなっていれば、その分だけ環境変化による売上急減時に赤字を最小限に抑制することができるのです。

例えば、店舗ビジネスにおいて直接的に価値を生まないバックオフィス部門にかかる経費を必要最小限に抑制する、もしくはバックオフィス部門の業務を外注して売上急減時には即座に削減できるようにしておく、などが考えられるでしょう。

直営店舗を抱える従来のスタイルでは、新時代に対応できない！

以上が、ＶＵＣＡ化が進む新時代の経営に求められる要件となります。一方、この要件を踏まえて店舗ビジネスを見てみると、直営店舗を抱える従来の経営スタイルでは、ＶＵＣＡ化が進む新時代への対応に限界があることがわかります。その理由としては次の内容があげられます。

❶ 直営店舗の固定費負担が重たいこと

直営店舗の場合、店舗の家賃や店舗で働くスタッフの人件費など、多くの固定費が発生します。これらの固定費は、環境変化によって売上が急減したとしても、それと比例して経費を削減することはできません。売上がゼロになっても家賃は満額発生するでしょうし、人件費を削減するといっても、店舗の規模や事業の特性によって、最低限必要な人員数というものがあるはずです。そのため、直営店舗では固定費の圧縮に限界があるのです。

コロナ禍で営業自粛に追い込まれた飲食店等が苦しい状況に追い込まれたのは、売上が急減したことに加えて、固定費負担が重たい事業構造であったことも一因といえます。

家賃や人件費等の固定費負担が重たいということは、売上減少時にも出ていくお金を簡単に減らすことができないことを意味します。必然的に急激な環境変化への適応力も低くなってしまうのです。

急激な環境変化に適応できる経営力を身に付けるためには、会社が抱える固定費負担は最小限に抑制しなければなりません。

とはいえ直営店舗の場合、家賃や人件費等の固定費負担を避けることはできません。

このことが、店舗ビジネスにおいて、ＶＵＣＡ化が進む新時代へ対応することを難しくしているのです。

❷ 店舗投資が先行し、財務基盤を固めにくいこと

店舗ビジネスには、店舗を開業する際に一定金額の店舗投資が先行して発生し、それを複数年かけて回収していく事業特性があります。多額の投資を先行して行わなければならないのです。

投資資金の回収期間は業種業態によってまちまちですが、どんなに収益性が高い事業でも、平均すると3年程度はかかることが一般的です。

投資資金を全額自己資金で賄うことができれば問題ありませんが、1店舗だけならまだしも、数店舗、数十店舗と多店舗展開を目指すのに、すべての投資資金を自己資金で賄うことは現実的ではありません。

このことから、店舗ビジネスを営む企業のほとんどは、店舗投資に必要な資金の大半を金融機関からの借入金で調達し、それを複数年かけて返済していきます。そして、その返済が終わる前に新たな借り入れをして、店舗展開を進めていきます。そのため、店舗展開の進展とともに借入金の総額は膨らむこととなり、結果的に財務体質は悪化

していくことになるのです。財務体質が悪化すれば、当然に会社の環境変化への適応力も低下することになります。

一方、直営店舗の展開でありながら、財務基盤はしっかりと固めて展開していこうと考えれば、店舗の展開スピードを遅くするほかありません。

しかし、これでは環境変化が急速に進む現代においては、事業拡大の機会を逸することにもつながりかねません。

このように、店舗投資が先行し、それを複数年かけて回収していく特性のある店舗ビジネスでは、直営店舗方式での展開では会社の財務基盤が悪化しやすく、ゆえに環境変化への適応力を高めることが難しいのです。

❸―社員の危機との向き合い方に限界があること

直営店舗による展開の場合、急激な環境変化により危機が生じた際、社員の危機に対する向き合い方が問題となるケースも散見されます。

経営者であれば、危機が発生した時こそ、ありとあらゆる手段を使ってその危機を乗り越えようと全力を尽くすはずです。危機の結果、会社が立ち行かなくなった場合、その責任はすべて経営者が負うわけですから、これは至極当然のことでしょう。

一方、会社に雇われている社員はどうでしょうか。

もちろん、それぞれの社員次第、という前提がありますが、危機に対して会社の経営者ほど本気で向き合うことはないのではないでしょうか。

経営者の方は、コロナ禍における自社の社員の働きぶりを振り返ってみるとよいでしょう。その働きは、経営者からみて満足いくものだったでしょうか。

多くの場合、経営者と社員との危機感の違いを痛感したのではないかと思います。

どのような苦境に立たされたとしても、経営者は会社から逃げることはできません。危機の結果、会社経営が立ち行かなくなったとしても、経営者はその責任を負わなければならないのです。

しかし、会社に雇われている社員はそうではありません。会社を辞めて違う会社で働くことや自分で起業することなど、他にいくらでも選択肢があります。あえて嫌な言い方をすれば、会社が苦境に立たされたのであれば、その環境から逃げだすことができるのです。

この退路の有無は、仕事に対する姿勢、特に危機との向き合い方に大きな違いをもたらすことになります。経営者と社員の仕事に対する覚悟や本気度に違いが生じる原因は、この点に尽きるといえるのではないでしょうか。

危機を乗り越えるためには、現場で商品やサービスを提供する社員が、危機の克服に向けて全力で取り組むことが何よりも重要です。一方、それを直営店舗方式で実現することは至難の業といえます。この点も、店舗ビジネスが環境変化への適応力を高めることを難しくしているのです。

ポストコロナ時代の環境急変リスクにも、のれん分けなら対応できる！

このように、直営店舗を主体とした従来の店舗経営の方式では、経営環境の急変が起きることを前提とする新時代へ対応するには限界があることがおわかりいただけたと思います。

そして、これからの新時代にも企業が存続・発展していこうと考えるのであれば、新型コロナの問題をきっかけに、今後の経営のあり方を真剣に考えていかなければなりません。

この点、のれん分けを活用した店舗展開のあり方は、直営店舗による展開と比べて環境変化に対する企業の適応力を高めることができるため、まさに新時代に適した経営スタイルであるということができます。

どういうことか、具体的に考えてみましょう。

❶固定費を最小限に抑制した「身軽経営」が実現できる

のれん分け制度を利用して独立した店舗の家賃や人件費といった固定費は、原則として独立者が負担することになります。これは、独立者が新規店舗をつくるにしろ、本部の直営店舗を独立者に引き継ぐにしろ、同様です。

そのため、仮に急激な環境の変化によって店舗の売上が激減したとしても、のれん分けした店舗に限れば、本部に大きな損失が生じることはありません。

もちろん、本部も無傷というわけにはいきませんが、グループ全体に生じた損失を本部と独立者が分散して負担することとなるため、本部単体で考えれば急激な環境変化への耐性が高まることになるのです。

急激な環境変化が起きることを前提とする新時代は、固定費を圧縮した身軽な経営を実現すること、つまり「身軽経営」が、企業存続の重要なキーワードになるものと考えます。

一方、前述の通り、直営店舗方式で圧縮できる固定費には限界があります。「身軽経営」実現のためには、第三者の資本を活用するフランチャイズシステムを導入するほかありません。

しかしながら、第三者を対象としたフランチャイズ展開は、中小規模の企業にとってハードルが高いこともまた事実です。その点、1店舗規模からでも手軽に取り入れられるのれん分け制度は、これからの時代、店舗ビジネスに不可欠な「身軽経営」実現の有効な手段になるのではないかと考えます。

❷ 独立者の資本を活用することで、本部の資金負担を圧縮できる

のれん分け制度では、独立者の資本を活用することを前提とします。この「資本」という言葉には、独立者が保有する自己資金はもちろんのこと、「独立者による金融機関からの借入金」や「親族等からの出資金」なども含まれます。ちなみに、創業時には、自己資金と同額から倍額程度までは、金融機関からの融資が認められるケースが多いです。

独立に必要な資金のすべてを独立者が単独で用意することは難しいかもしれませんが、すべての資金を本部が調達しなければならない直営店舗と比較すれば、のれん分け制度の活用で本部の資金負担を大きく圧縮することができます。

また、既存の直営店舗を独立者に譲渡する場合、本部には、独立者から直営店舗譲渡の対価としてまとまった資金が支払われることになります。本部は、独立者から支払われた資金を借入金返済の原資とすることもできますし、新しい直営店舗への投資に回すこともできます。のれん分け制度を活用することが、本部の資金調達手段ともなるのです。

このように、のれん分け制度の活用により、本部の資金負担を圧縮しながら、店舗を拡大していくことができるのです。その結果、直営店舗による展開と比べて本部の借入金が減少し、財務基盤が盤石となり、環境変化への適応力を高めることができます。

また、借入金が減るということは、借入金返済による資金流出も減ることになるため、前述した「身軽経営」にもつながっていくのです。

❸―覚悟を決めた経営者集団が生まれる

のれん分け制度により独立した社員は、会社に雇われている立場から、一人の独立した経営者の立場に変わります。売上や利益を増やした分、自らの収入も比例して増えることになるため、雇われ社員時代と比較すると、独立後は仕事に対する姿勢に大きな変化が生じます。

私も、これまで多くの社員がのれん分け制度を活用して経営者として羽ばたいていくのを目にしてきましたが、既存店舗で独立した場合に、独立後に収益が落ちるということは、特殊な外的要因がある場合を除き見たことがありません。

むしろ、ほとんどのケースで売上や利益がまたたく間に増加します。

本部の経営者から見れば「なんで会社にいるときからやってくれなかったんだ…」とがっかりしてしまうところですが、それが現実でしょう。

また、先にもお伝えしましたが、急激な環境変化によって苦境に立たされた時こそ、会社の経営に全責任を負っている経営者は、事業存続のために死に物狂いで対応します。危機的事態発生時は、平時以上に仕事に対する本気度に差がつくのです。ですから、のれん分けした店舗の方が、直営店舗よりも環境変化に強いことは間違いありません。

そして、のれん分け制度を継続的に運用していくと、グループ内に覚悟を決めた経営者集団が生まれることになります。一人一人が仕事に対して真剣に取り組むことはもちろんですが、それぞれの経営者が知恵を出し合い、一致団結して危機の克服に立ち向かっていくことができるのです。

本部としては、これほど心強いことはないでしょう。

❹ 国や自治体の支援制度を最大限活用できる

新型コロナが発生し、企業が危機的状況に陥る中、国や自治体が補助金、助成金などの様々な企業支援施策を実施しました。しかし、ほとんどの支援施策には企業単位で「上限金額」が設けられています。

直営店舗の場合

1店舗でも30店舗でも上限金額200万円支給

のれん分けの場合

10店舗展開の場合は、10社とみなされ
10店舗×200万円=2,000万円支給される

例えば、新型コロナの感染拡大の影響によって売上が大きく減少した企業に支給された「持続化給付金」では、法人の給付上限金額が２００万円に設定されました。

２００万円と聞くと大きい金額に感じますが、１店舗だけ展開している法人も、30店舗展開している法人も、上限金額は同じです。そのため、企業規模が小さければ小さいほど、支援が充実していることになります。

その結果、新型コロナ危機下においては、事業規模が大きい企業ほど、大きなダメージを受ける結果となりました。

このように、現在の日本の企業支援施策は、比較的小規模な企業を想定して設計がなされています。そのため、直営店舗を多店舗展開

する企業にとってみると、支援の規模が十分でないケースが散見されるのです。

一方、のれん分けにより独立した社員は本部とは独立した事業体の経営者となるわけですから、本部とは別に、国や自治体の支援制度を活用することが可能です。先の持続化給付金の例でいえば、本部とは別に、独立者それぞれが上限金額まで受給することができるのです。例えば、グループの店舗が10店舗の場合、すべて直営店舗だと本部が２００万円を受給できるだけですが、直営１店舗のほかはすべてのれん分け店舗であれば、グループ全体で２００万円×10社＝２０００万円もの補助を受けることができます。

本部のダメージを抑制しつつ、チェーン全体ではより有効に国や自治体の支援制度を活用できるわけですから、環境変化への対応力も当然に増すことになります。

❺ 本業とは異なる新規事業を、ローリスクで立ち上げられる

経営環境のＶＵＣＡ化が進む現代は、複数の事業の柱をつくることが求められてい

ることはすでにお伝えした通りですが、業種業態によっては、のれん分けで店舗を展開していくことによって、ローリスクで新規事業を立ち上げられることがあります。

よくある例でいえば、

・美容院チェーンが、チェーン内で使用するシャンプーやワックスなどの商材を、他の企業や消費者に販売する事業
・整体院チェーンが、のれん分けで独立する社員に対して提供する開業支援や研修サービスを、整体院事業で開業を目指す創業者に販売する事業

などを立ち上げるケースがあります。

これは、独立者に対して商品・サービスを提供することを前提として最低限の需要を確保した上で、チェーン関係者以外の第三者に対しても同じ商品・サービスの販売を開始する流れで進められていくものです。
独立者に提供する商品・サービスを、他の第三者に対して販売していくわけですから、一から事業を立ち上げるのと比較すれば、新規事業のリスクを抑制することができます。

のれん分け制度の普及・進展とともに複数の事業の柱を育てることができれば、本部の経営力も高まり、環境変化への対応力も増すことになるのです。

コロナ禍に独立するからこそ社員が得られるメリットもある

ここまで、のれん分け制度を活用した店舗展開のあり方が、環境の急変が起きることを前提とする新時代に適した経営スタイルであることを説明してきました。

一方、読者の中には「コロナ禍で独立したいと考える社員がいるのだろうか」と疑問に感じた方がいるかもしれません。

コロナ禍では1年先どころか、数ヵ月先がどうなるかさえ全く見通すことができません。このような環境の中で、リスクのある選択肢を取るのが難しいことは事実でしょう。これは本部の経営者にもあてはまることだと思います。

しかし、コロナ禍にリスクを取るからこそ、得られるものがあることもまた事実です。リスクが小さければ期待できるリターンも少なくなり、リスクが大きければ期待できるリターンも多くなるのが世の中の原則です。

平時に独立することのメリット・デメリットと、危機下で独立することのメリット・デメリットを比較して、自社にとって最適な意思決定をするのが経営者の役割であり、このことが独立を目指す社員にも求められるのです。

例えば、コロナ禍で独立することには「先行きが見通せない」というリスクがある一方、次のようなメリットを得ることもできます。

❶ 店舗の閉店・撤退が増えたことで、家賃相場は従来よりも低水準に

店舗の閉店・撤退が増えたことで好立地物件にも空きが生まれ、かつ不動産の家賃相場は従来よりも低い水準にあります。好立地の物件を、従来よりも借り手側に有利な条件で借りることができるのです。

一方で、この先、新型コロナの影響がこれまで以上に悪化するとは考えにくく、時間の経過とともに、店舗売上も復調していくと考えるのが一般的な感覚だと思います。ですから、いま好立地物件を好条件で確保することができれば、新型コロナの沈静化後に、大きな強みとなる可能性もあるのです。

以上を踏まえると、新型コロナの沈静化後を見据えれば、今こそ好立地物件確保に動くタイミングとみることもできます。実際、一定程度の体力を持つ企業は、コロナ禍のタイミングで好立地物件の確保に動き出しています。

❷──働く場が減り、小規模企業が優秀な人材を獲得する千載一遇のチャンス到来

人を通じて顧客にサービスを提供する店舗ビジネスにとって、優秀な人材を確保できるかどうかは、企業の命運を左右する重要な問題です。しかし、残念ながら他業種と比べて労働条件が劣りがちな店舗ビジネスは、これまで全般的に人材確保競争では劣勢に立たされてきました。ましてや、のれん分けで独立したばかりでは、会社や事

業の規模も小規模ですから、その中で優秀な人材を確保することは非常に難しい問題でした。

一方、コロナ禍で業績を悪化させた企業の多くは固定費の削減に動き、多くの企業にとって最大の固定費となる人件費は、真っ先に見直すべき対象となりました。その結果、新型コロナ危機が本格化した２０２０年以降、労働市場はコロナ禍で職を失い、仕事を探す人材で溢れかえっています。

実際、求職者１人あたりの求人件数を示す有効求人倍率は、２０１９年末まで１・５倍前後で推移していましたが、２０２０年末時点では１・０倍強にまで低下しています。それだけ、仕事を探す人が増える一方、働き手を求める企業が減少しているのです。

これまでは、求職者優位の労働市場でしたから、店舗ビジネスの小規模事業者が優秀な人材を採用することなど夢のまた夢でしたが、コロナ禍によって働く場が減り、求人企業優位の労働市場となった今、店舗ビジネスの小規模事業者でも優秀な人材を採用できる可能性があるのです。むしろ、店舗ビジネスの小規模事業者にとっては、優秀な人材を確保するまたとない機会といえるのではないでしょうか。

いま、優秀な人材を囲い込むことができれば、新型コロナ危機が沈静化したときに、大きな強みとなることは間違いありません。

❸―本部に支払うロイヤリティなども、平時より低めに設定可能

新型コロナの影響によって本部の売上や利益が減少している場合、当然に、独立者から支払ってもらうのれん代やロイヤリティも、平時と比べると少なくせざるを得ません。

例えば、直営店舗を独立者に譲渡または貸し出す場合、通常は独立時点の売上・経費が継続した場合にも、独立者の収入が社員時代よりも多少増えるようのれん代やロイヤリティ等を設計しますので、既存店舗の業績が底の段階で独立すれば、家賃同様、それだけ良い条件で独立できることになります。

コロナ禍で独立するメリット

①店舗の閉店・撤退が増えたことで、
家賃相場は従来よりも低水準に！

②働く場が減り、小規模企業が優秀な人材を獲得する
千載一遇のチャンス到来

③本部に支払うロイヤリティなども、
平時より低めに設定可能

高いリスクを取るからこそ、平時に独立する場合と比べても、有利な条件で独立することができるのです。

このように、ビジネスの視点で考えれば、コロナ禍にのれん分けで独立をすることは、決してマイナスなことばかりではないのです。

独立する社員がリスクばかりに目を向けることがないよう、コロナ禍に独立するからこそ得られるものについても会社からしっかりと説明し、それらを踏まえて、それぞれの社員が目指す将来像に応じて、適切な判断をしてもらうことが大切なのではないでしょうか。

少なくとも「コロナ禍だから独立する社員がいない」という本部経営者の固定観念は捨て去るべきでしょう。

「先が読めない時代」であるからこそ、社員の独立心を育まなければならない

また、「先が読めない時代」となったからこそ、会社は「社員の独立心」を刺激し、育んでいかなければならないのではないかと考えます。

これまでの日本は、「終身雇用」という言葉が示すように、会社が社員の一生を面倒見ることが当たり前でした。しかし、これは「先が読める時代」であったからこそ成り立ったもので、「先が読めない時代」の今、会社が社員の一生を面倒見ることをコミットするのは不可能ではないでしょうか。

実際、新型コロナ危機はこのことを明確に示しました。例えば、新型コロナの影響で利用者が急減した国内大手航空会社では、社員の年収を平均で3割程度削減するなど大規模なリストラを行いました。年収が3割も減少すれば、生活が成り立たなくなる社員も多いでしょう。

このような大企業でこれほどのリストラが行われることは、これまでの常識では考えられない事態です。

ＶＵＣＡ化が進む中、「会社が社員の一生を面倒見る」という従来の常識は、過去の話となりました。どのような企業で働いていたとしても、ある日突然、職を失うリスクがあるのです。

時代が変わり、経営者はもちろん、会社に雇われる社員にも、意識変革が求められています。

会社の経営が突然傾く可能性がある今、社員は、ある日突然会社から放り出されても、自分の力で生き抜いていく覚悟と力を身に付けなければならないのです。

これからの時代にも生き残っていくためには、会社に雇われる社員も、会社に依存せず、どのような環境におかれても自分自身で道を切り開いていく覚悟、すなわち独立心を身に付けることが不可欠です。

経営者が社員の幸せを心から願うのであれば、のれん分けによる独立の有無にかかわらず、この現実をしっかりと伝えて、社員の独立心を育んでいかなければならないでしょう。

そして、このような観点で考えた場合、新型コロナ危機をきっかけとして、自力独立と比べてリスクの低いのれん分けで社員に経営者になるのを提案することは、社員の一生を面倒見ることをコミットできない企業にとっても、会社に依存せずに生き抜く力を身に付けなければならない社員にとっても、必要なことといえるのではないでしょうか。

コロナ禍をきっかけとして、ポストコロナ時代に対応した会社をつくる

たしかに、新型コロナの影響によって先行きが不透明であることは事実です。しかし、「先行きが不透明だから」という理由だけで行動をとめることは、会社にとっても、

社員にとっても、賢明な判断とはいえません。

コロナ禍は、これまでの企業経営のあり方では事業の継続・発展が困難であることを、私たちにわかりやすい形で示しました。私たちは、コロナ禍を教訓として、いつ環境の急変が起きるかわからないポストコロナ時代にも対応できる会社をつくっていかなければならないのです。

コロナ禍は、時の経過とともに沈静化していくことでしょう。コロナ禍が過ぎ去れば、従来と同様に事業活動ができる日も来るかもしれません。

しかし、ポストコロナ時代では、また次にどのような環境の急変が起きるかわかりません。きっとまた予想もつかない環境の急変が起きることでしょう。

もちろん、私自身、コロナ禍のような事態が再び生じないことを願っています。しかし、環境の急変が来ないことを願っているだけでは、会社と社員の命運を、天に任せているのと同じことといえるのではないでしょうか。

例えば、いつ発生するかわからない天災に対して、具体的な準備をせずに、天災が発生しないよう祈ってばかりいるような人がいるとしたら、祈る前に「天災が発生したときにも対応できるよう具体的な準備をすること」をアドバイスするのではないでしょうか。

会社経営も同じことだと思います。

どのような形で、いつ発生するか予想もつかない次の環境変化への準備期間は、すでにはじまっています。この期間を、これまでと変わりなく過ごしていくのか、次に発生する環境変化を見据えて今から着実に準備を進めていくのか、この姿勢の違いで環境変化に対する企業の適応力は大きく変わります。

時代の変わり目となったコロナ禍の今だからこそ、中長期的視点から会社と社員がＷｉｎ－Ｗｉｎの関係性になるためのあり方を徹底的に考え抜き、小さくとも確実な一歩を踏み出すことが、企業に求められているのではないでしょうか。

数年後、再び急激な環境変化が生じたときに、過去を振り返ってみて、「コロナ禍に一歩踏み出して良かった」と笑えるか、「あの時に一歩を踏み出しておけば…」と悔やむことになるか、両者を分けるのは、今この瞬間の選択と決断です。

読者のみなさまには、ぜひとも今のタイミングで一歩を踏み出し、前者の未来をつかみ取ってほしいと思います。

第3章

のれん分けに向いている会社、のれん分けに向いている社員

店舗数や規模は無関係！
顧客が集まっているお店なら検討の価値アリ！

ここまでは主に現代の店舗ビジネスにおいてのれん分け制度が求められている理由を紹介してきました。本章からは、実際にのれん分け制度を導入する上での考え方やポイントを紹介していきたいと思います。

ところで、のれん分け制度の導入を希望する経営者からの相談を受けていると、中には「のれん分け制度を導入するためには、それなりの店舗数や会社規模が必要ですよね…」といった認識をお持ちの方が多くいらっしゃいます。

しかし、この認識は誤りです。本書で取り扱っている「21世紀ののれん分け制度」を導入するのに、店舗数や会社規模等の条件はありません。実際、弊社がのれん分け制度導入のサポートをさせていただいた企業の中には、のれん分け制度導入の時点で、経営している店舗が1店舗の企業も多数存在します。

このような誤解が生まれるのは、フランチャイズとのれん分けを混同していることに原因があるものと感じます。

フランチャイズのように、本部とは関係のない第三者を加盟対象とする場合には、第三者から見ても「あの事業を経営したい！」と感じてもらう必要がありますから、それなりに直営店舗の数があった方が魅力を感じてもらいやすいでしょう。また、本部事業についての素人を短期間で一人前に育てるためのマニュアルや研修システムを整備するには、それなりに労力がかかります。ですから、フランチャイズの場合には、ある程度の店舗数や会社規模がなければ対応が難しいことも事実です。

一方、これまで会社で長年働いてきた社員を対象とするのれん分け制度では、独立者は本部事業の魅力を熟知していますから、たとえ直営店舗が１店舗であったとしても、それほど気にすることはありません。また、のれん分け制度を利用する社員は、独立時点ですでに必要な技術やノウハウを習得しているため、マニュアルや研修システムもフランチャイズほどしっかりしたものを整備する必要はなく、したがって会社規模がそれほど大きい必要もありません。

現時点で展開している店舗数が少なかったとしても、会社規模が小さかったとしても、一定程度繁盛している直営店舗があるのであれば、のれん分け制度の導入を検討してみる価値は十分にあるのです。

のれん分け制度の導入で、多店舗展開を期待できる会社・業界の特徴

店舗数や会社の規模に関係なく導入することができるのれん分け制度ですが、会社・業界の特徴によって、のれん分け制度の導入のしやすさは異なります。次の要件を備えている会社や業界は、のれん分け制度を活用した多店舗展開に向いているため、積極的にのれん分け制度の活用を検討してみるとよいでしょう。

❶ 店舗投資のコストが低く、社員の自己資金でも独立しやすいこと

1つ目の要件は、店舗投資に必要となるコストが低いことです。独立を目指す社員の中でも、独立に必要な資金を計画的に蓄えておくことができる人材はほんの一握りです。私は仕事柄多くの独立希望者とお話をする機会がありますが、そのうちの大半は、「本当に独立する気があるのだろうか…」と疑いたくなるほどに資金の畜えがありません。

そのため、第5章で詳しく触れますが、のれん分け制度を運用していくにあたって、「独立時に必要となる初期投資資金をどのように調達するのか」がしばしば問題となります。

また、一般的に会社で働く社員は、それほど大きな資金を動かす機会がありません。最も大きなお金を動かすのは、家や車を買う時くらいではないでしょうか。そのような社員に対して、多額の店舗投資を伴うのれん分けを提案しても、すぐに受け入れられる社員は少ないのです。

以上から、店舗投資のコストが高い事業の場合、独立希望者を輩出することが難しく、のれん分け制度を運用するハードルも高くなってしまいます。裏を返せば、店舗投資のコストが低い事業であれば、のれん分け制度を運用するハードルは低くなります。そのため、本部が展開する事業の店舗投資コストが低額の場合には、のれん分け制度の活用により多店舗展開を進められる可能性が高くなるのです。

私の経験則では、業種業態にもよりますが、初期投資額が1000万～1500万円くらいまでの事業は、のれん分け制度の利用希望者が現れやすい傾向にある印象です。これを超える場合には、後述する「本部による資金調達サポート」のあり方を予め十分に検討しておく必要があるでしょう。

❷ー少人数で運営が可能な店舗であり、雇用の負担が小さいこと

2つ目の要件は、店舗規模が小規模で、少人数での運営が可能であることです。

経営者であれば誰しも理解できることだと思いますが、スタッフを雇用すると、固定費負担が増えて心理的なプレッシャーがかかることに加えて、雇用したスタッフのマネジメントに相応の手間やストレスが生じることは避けられません。特に後者は、

どんなに業績が絶好調な企業の経営者であっても、多少なりとも悩みを抱えているのではないでしょうか。

のれん分けで独立をする社員は、店舗責任者レベルの社員であることが大半ですから、スタッフを雇用するということがどれだけ大変なことか、それなりに理解していることでしょう。そのため、独立後に雇用するスタッフの数が多いと、なかなか一歩を踏み出すことができません。独立者には経営経験がないことを考えても、のれん分けによる独立の時点では、雇用するスタッフは少ない方が一歩を踏み出しやすいのです。

また、少人数で運営が可能な店舗であるということは、必然的に店舗規模が小さくなるわけですから、１つ目の要件である初期投資を低額に抑えることにもつながります。このことから考えても、のれん分けをする店舗は、それほど多くのスタッフを雇用しなくても運営が可能な小規模店舗モデルの方が、独立希望者が現れやすいということになります。

とはいえ、店舗規模を極限まで小さくした結果、独立者が一人で運営するようなモデルとなってしまっては、独立者の身体の不調等、万が一の事態が発生したときに事業継続が不可能になります。また、独立者が現場から抜けることも難しく、発展性がありません。これではたとえ独立希望者が現れやすかったとしても、独立後に問題が生じる可能性があります。のれん分けを成功させるためには、店舗規模が小さければ小さいほど良い、というわけでもないのです。

私の経験則では、独立者を含めて正社員が3名程度で運営できる店舗規模が、のれん分け制度をスムーズに運用できる最適規模である印象です。これくらいの規模であれば、固定費や人材マネジメントの負担も大きすぎることなく、一方で将来的には独立者の代わりに社員を雇用し、独立者は経営に専念することもできるため、発展性も十分です。

独立者の心理的な負担と発展性の両面から考えても、これくらいが丁度よい店舗規模といえるのではないでしょうか。

❸ ― 独立に必要な技術やノウハウを、3年以内に習得できること

3つ目の要件は、独立に必要な技術やノウハウを、3年以内に習得できることです。現代では、社員の権利者意識が高まり続けています。このような状況下で、独立するまでの条件や目安期間が不明瞭であったとすれば、社員がのれん分け制度に魅力を感じるどころか、のれん分け制度が原因で社員に不満が生じるようなことにもつながりかねません。

ですから、第1章でも述べた通り、21世紀ののれん分け制度では、昔ながらののれん分け制度のように、のれん分けによる独立が、社員が会社に貢献してきた結果としてあるのではなく、予め社員のキャリアの選択肢として仕組みや利用条件が明示されていなければなりません。このことによってはじめて、会社で働く社員のモチベーションアップや、将来独立を目指す優秀な人材が会社に集まってくることが期待できるのです。

この際、社員の視点で考えてみると「最短何年程度で独立できるのか」ということ

が、とても重要なポイントとなります。

予め独立するまでの目安期間が示されていたとしても、例えば「入社してから10年以上」といったようにあまりにも長い時間がかかってしまうようでは、社員からすれば、のれん分けによる独立があまりにも遠く、イメージできない話となってしまいます。ほとんどの社員は、このような遠い先を見据えて、入社時からモチベーション高く取り組んでいくことなどできないでしょう。

そのため、独立までに要する期間が長ければ長いほど、社員のモチベーションアップや、将来独立を目指す優秀な人材獲得といった効果は薄まっていくことになります。

私のこれまでの経験では、独立までに要する期間が3年以内であれば、のれん分け制度の存在が多くの社員にとって魅力的な選択肢となっているように感じます。一方、独立までに要する期間が5年を超えると、社員にとってののれん分けによる独立という選択肢が、現実的なものではなくなっていくようです。

これは、会社の経営計画で考えても同じことが言えるでしょう。３年程度先までであれば、ある程度現実的な計画が立てられますが、それが5年以上先となると、なかなかイメージを持つことは難しいのではないでしょうか。

以上から、のれん分けをする事業が、独立に必要な技術やノウハウを3年以内に身に付けられるものであれば、安定的に独立者を輩出していける可能性が高まります。

一方、独立に必要な技術やノウハウの習得に5年以上の期間が必要な場合には、しっかりとしたマニュアルや教育プログラムを整備して、独立までに要する期間をできる限り短縮していくことが、のれん分け制度を成功させるためのポイントとなるでしょう。

❹「勝利の方程式」が明確になっていること

4つ目の要件は、のれん分けする事業の「勝利の方程式」が明確に定まっていることです。

のれん分けで多店舗展開を実現するためには、のれん分けした店舗を繁盛させることが何よりも大切です。基本的に、会社に雇われる社員はリスクを嫌う傾向にあります。仮にのれん分けで独立した店舗の中に1店舗でも不採算店舗が生じてしまったとしたら、以降、のれん分けで独立を希望する社員が現れにくくなることは間違いありません。

もちろん、のれん分けとはいえ事業である以上リスクをゼロにすることはできないわけですが、本部としては、できる限り独立者の事業リスクを抑制すべく、のれん分けする事業の勝利の方程式、すなわち「成功するための必要条件」を明らかにしておかなければなりません。

勝利の方程式の内容は本部が展開する事業のビジネスモデルによって千差万別となりますが、例を挙げると、

- 商圏の規模はどの程度必要で、どのような立地条件を満たす必要があるか
- 集客するために店舗で取り組むべき活動はどのようなものか
- 提供する商品やサービスの種類、価格はどのようなものか
- 店舗の内外装はどのようなデザインにするのか

などがあげられるでしょう。

また、勝利の方程式の内容が、「誰がやっても同じ成果が出せるもの」であると、多店舗展開の可能性が飛躍的に高まります。

例えば、リピーターを増やすための方法が「店主の魅力的な接客」といったように、人のスキルやセンスに依存するものであったとすると、それを実行できる社員にしかのれん分けができないことになります。これでは、のれん分け制度の対象者が限られてしまい、安定的に独立者を輩出していくことが難しくなるでしょう。

一方、リピーターを増やすための方法が「月に1回手書きの手紙を送る」「お客様が退店される際に外まで出てお見送りする」など、誰でも実行できる内容に落とし込まれているのであれば、大半の社員をのれん分け制度の対象者とすることができるのです。

ですから、のれん分け制度を導入するにあたっては、のれん分けする事業の勝利の方程式がどのようなものであるかをしっかりと整理しておく必要があります。その際、整理した内容が人のスキルやセンスに依存するものであったとしたら、それを誰でもできるような内容にまで落とし込んでおくとよいでしょう。

誰がやってもできる勝利の方程式をつくろう！
（実例）

商圏の規模を徹底調査

例：車を使ってくる顧客向けのサービスか、電車を使ってくる顧客向けなのか

例：店舗からどれくらいの範囲が商圏で、商圏内にどの程度の人口が必要なのか

集客するために店舗で取り組むべき活動は？

例：SNS 広告、新聞折り込みチラシ、ティッシュ配りなど

提供する商品やサービスの種類、価格

例：競合他社の分析をして、スペック表を作る

店舗の内外装のデザイン

例：ファミリー向けにテーブル席を多くするのか、ビジネスパーソン向けに個別席を多くするのか

顧客基盤がサービス提供者に帰属する事業は、のれん分け制度を導入すべき！

のれん分け制度を活用することで、多店舗展開を期待できる会社や業界の特徴を紹介しましたが、特に私がのれん分け制度を活用することを推奨したい事業があります。それは、「顧客基盤がサービス提供者に帰属する特性」のある事業です。

この代表例としては、美容院やエステサロン、パーソナルトレーニングジムなどがあげられるでしょう。

顧客基盤がサービス提供者に帰属する特性のある事業では、社員が退職して独立したり、他社に移籍したりすると、それと同時にその社員に帰属していた顧客基盤も会社から流出してしまう可能性があります。そして、退職する社員が優秀で、たくさんのファン顧客を持つほど、会社から流出する顧客の数も増えることになるのです。

会社としては、社員が持つスキルやノウハウだけではなく、財産ともいえる顧客基盤まで失うことになります。

また、ひどいときには退職する社員が率先して担当する顧客に移籍先を利用するように促したり、顧客情報を持ち出して自分の事業の営業をしたりするようなこともあります。これまで一生懸命育ててきた社員に、このような裏切り行為ともいえる仕打ちをされたことのある経営者も少なくないのではないでしょうか。

このような状態を繰り返していたとすれば、会社が発展していくことなどありえません。ですから、顧客基盤がサービス提供者に帰属する特性のある事業を展開する会社は、この問題と真剣に向き合わなければなりません。

その有効な選択肢が、のれん分け制度を活用することなのです。
社員がのれん分け制度を利用して独立した場合にも、その社員が持つスキルやノウハウ、顧客基盤は会社から流出することになりますが、グループ内には留めることができるのです。外部に流出することと比べれば、天と地ほどの差があります。

もちろん、のれん分け制度を導入したからといって問題をすべて解決できるわけではありません。のれん分け制度を利用せず、自分で独立してしまう社員もいることでしょう。

しかし、だからといってこのような重大な問題をだまって見過ごすわけにはいきません。解決のために行動しなければ、経営者の悩みが解消されることはないのです。

社員に「のれん分け制度を活用したい！」と思ってもらえるよう、日々地道にビジネスモデルやのれん分け制度の仕組みをブラッシュアップし、その上で社員に根気強くのれん分けによる独立を提案していく先にしか、この問題を解決する道はありません。

顧客基盤がサービス提供者に帰属する特性のある事業を展開する会社の経営者には、これを機に、ぜひ悩みの解消に向けた一歩を踏み出していただきたいと思います。

のれん分けで経営者が持つ多様な悩みを解消できる！

　のれん分け制度を導入しようと考える経営者の多くは「社員のキャリアの選択肢を用意することで、優秀な社員をグループ内に囲い込むこと」を主な目的としています。これをのれん分け制度で実現できることは間違いありませんが、のれん分け制度は他にも経営者が抱える悩みの多くを解決できる可能性を秘めています。

　そこで、これまで弊社がのれん分け制度の導入や運用をサポートした中で、のれん分け制度を活用して経営者が抱える悩みを解消した事例をいくつかご紹介したいと思います。

事例1 ―「支店を出す資金がない」という悩みを、のれん分けで解消した店

　1つ目は、のれん分け制度を活用して新規出店に必要な投資資金の獲得に成功したA社の事例です。

中華料理店をチェーン展開するA社は、２０００年代前半に直営店舗方式で積極的に店舗展開を進め、最盛期には総店舗数が20店舗を超えるまでに多店舗化を進めることに成功しました。ところが、２０００年代後半に発生したリーマンショックによって市場環境が一変。その結果、A社の収益状態は急速に悪化し、好調から一転して会社存続の危機にまで陥ってしまったのです。

A社はこれまで直営店舗方式で短期間のうちに店舗展開を進めてきたため、金融機関からの借入金はまだまだ残っている状態でした。そこに、リーマンショックの影響で発生した赤字を補うための資金調達を繰り返したため、借金はみるみるうちに増え、A社の事業規模では到底返済できない金額にまで膨らんでいってしまいました。最終的には、金融機関に相談して借入金返済の条件変更を行うこととなりました。

借入金返済の条件変更を行ってしまうと、返済条件を正常化するまで金融機関から追加で資金を借りることができなくなってしまいます。A社は、その後様々な事業再建策に取り組むことによって収益性自体はリーマンショック以前の水準まで立て直すことができたのですが、業績低迷時に膨らんだ借入金は大きく、返済条件を正常化するまでには至りませんでした。結果、長期間にわたり新しい店舗を出店することができなくなってしまったのです。

この状況を克服するために、Ａ社の経営者は、新規出店に必要な資金を捻出することを目的に、のれん分け制度を活用することにしました。具体的には、Ａ社が保有する直営店舗を、独立を希望する社員に売却することにしたのです。

利益が出ている事業を他社に売却する場合、一般的には利益の３～５年分程度を事業譲渡の対価として譲渡先から支払ってもらいます。Ａ社の場合は、これまで会社に貢献してきた社員に対する事業譲渡ということもあり、事業譲渡の対価を利益の２・５年分に設定して直営店舗を売却することにしました。

１ヵ月の平均利益が50万円ほどの店舗でしたので、利益の２・５年分というと１５００万円もの金額になります。Ａ社は独立者に直営店舗を譲渡する見返りに、１５００万円もの資金を調達することに成功したのです。

読者の中には「独立する社員はどのようにして１５００万円もの資金を用意したのだろう？」と疑問に思われた方がいるかもしれません。

この点についてＡ社の例では、独立者が持つ自己資金を元手に、独立者が金融機関から借り入れをして資金を調達し、その資金をＡ社に事業譲渡の対価として支払うことになりました。

金融機関からすれば、利益が出ている実績のある店舗を、その事業に精通している社員が引き継いでくれるわけですから、資金を貸すリスクは一般的な創業と比べて格段に低くなります。そのため、本部の直営店舗を独立者に譲渡するタイプののれん分けは、金融機関からの協力を得やすいのです。

このように、のれん分け制度は資金面での余力が少ない本部が、店舗展開に必要な資金を調達するための手段としても活用することができるのです。

なお、直営店舗の譲渡方式など、のれん分けの際の出店スタイルの考え方については、第5章で詳しく触れたいと思います。

事例2 ―「直営店舗は減らしつつ多店舗化したい」と、のれん分けに踏み切った店

2つ目は、のれん分け制度を活用して直営店舗を増やすどころか減らしつつ、40店舗超の多店舗展開に成功したB社の事例です。

エステサロンをチェーン展開するB社は、私がはじめて経営者にお会いしたときには、外から見ると順調に店舗を増やしているように見えましたが、実際には多くの悩みを抱えていました。

詳しく話を伺うと、店舗が10店舗を超えたあたりから現場の指導が追いつかなくなってきたようで、店舗のサービスレベルが低下。その結果、顧客離れが生じて、店舗単位では赤字に陥っている店舗もあるとのことでした。

また、B社経営者の目が行き届かなくなるにつれて各店舗の店長のマネジメント能力にばらつきが生まれ、一部の店舗ではスタッフの集団離職が発生するなど、スタッフの定着率低下にも頭を悩まされていたのです。

これらのことから、店舗を増やすことはできるものの、店舗が増えるごとに企業の

収益性が低下するという、まさしく多店舗展開の悪循環に陥っている状況でした。

直営店舗方式で店舗展開を進めていくことに限界を感じたB社の経営者は、この状況を克服するために、これまでの店舗展開の方針を見直し、のれん分け制度を活用して多店舗展開を進めていくことを決意したのです。

具体的には、のれん分け制度を導入し、店舗責任者から独立希望者を募って、経営権を独立者に貸し出す形で直営店舗をのれん分け店舗に転換していきました。努力して店舗の成績を高めれば、独立者の報酬も比例して増える形を整えることで、独立者の仕事に対する本気度を高め、短期間のうちに店舗のサービスレベルを改善することが狙いです。

この方法には副産物もありました。スタッフに顧客が帰属する特性のあるエステサロンでは、店舗で働くスタッフが離職すると業績が大きく低下します。そのため、自分の報酬を減らしたくない独立者は、店舗で働くスタッフが辞めないようあの手この手を尽くすようになったのです。その結果、のれん分け店舗は、B社が何もせずとも直営店舗時代と比較して離職率が大幅に改善されることとなったのです。

さらに、直営店舗が減った分、B社は生まれた余力を他の直営店舗の改善活動に集中投下していきました。全店舗のサービスレベルの改善に本気で取り組みはじめたのです。当然、サービスレベルが上がるにつれて、直営店舗の収益性も改善されていくことになりました。

加えて、新たに出店する店舗は、当面のれん分け店舗にすることとしました。前述の通り、人生をかけて独立する社員は、本部がそれほど手間をかけなくとも店舗の業績を伸ばすために懸命に働きます。これを利用して、本部の管理や教育の手間を増やさずに、店舗展開を進めていく方針を採用したのです。

このような流れでのれん分け制度の運用を進めていったところ、当初の狙い通り、のれん分けした店舗は軒並み業績が急回復する一方、直営店舗が減少した分、B社の負担も減少し、生まれた余力で直営店舗の管理や教育システムを抜本的に見直すことができました。

その結果、店舗間の業績のばらつきが縮小することはもちろん、離職率も大幅に低減する結果となったのです。

現在のB社は、チェーン全体で40店舗を超える規模にまで多店舗展開を成功させていますが、そのうち直営店舗はわずか5店舗ほどです。のれん分け店舗は、B社に言われるまでもなく店舗運営に本気で取り組みますから、本部が注力すべきは直営5店舗だけ、という状態になっているのです。

この状態であれば、さらに店舗数が増えようとも従来のような事態に陥ることはありません。

このように、のれん分け制度を上手く活用することで、直営店舗は維持または減らしつつも、多店舗展開を加速させることができるのです。

事例3 ―「後継者不在」の問題を、のれん分けで克服した店

3つ目は、のれん分け制度を活用して「後継者不在」の問題を克服したC社の事例です。

美容院4店舗を営むC社は、地方都市に所在する業歴80年を誇る老舗企業です。親子孫三代にわたって現在の店舗を守り抜いてきましたが、4代目の後継者がいないことが経営者の悩みのタネでした。

C社には後継者になりうる優秀な社員が3名おり、その中から後継者を選定することも考えたようですが、なんとしても業歴80年の老舗ブランドを守りたいC社経営者にとって、これまで現場オペレーションしか経験をしていない社員にいきなり経営をゆだねることは心配でならないことでした。

しかも、会社を第三者に引き継ぐためには、引き継ぐ側がそれなりに資金を持っている必要がありますが、社員と話をする限り、そのような畜えをしている様子もありません。

これらのことから、私がC社の経営者と出会ったときには、一刻も早く後継者問題を解決しなければならないことを理解しつつも、そのための一歩が踏み出せない状況だったのです。

そこで、私からはのれん分け制度を活用して後継者問題を解決する方法をご提案させていただきました。その方法は、次のようなものです。

1．3名の候補者にそれぞれ1店舗をのれん分けで任せ、経営者としての経験を積ませるとともに、会社を引き継ぐために必要な資金を蓄えてもらう。
2．独立してから3年間の経営状況や経営者としての姿勢、及び本人の希望を考慮し、C社の後継者1名を最終決定する。
3．その後2年間で、C社の経営を現経営者から後継者に正式に引き継ぐ。その後は、後継者を中心に、他2名の独立者をグループの幹部として、新しい経営体制を確立する。

この大方針に基づき、現在は3名の候補者がのれん分けで独立をして、それぞれ経営者としての経験を蓄積するとともに、資金の畜えを進めている段階です。まだまだC社の事業承継まで先は長いですが、全く先が見えなかった後継者問題を解決する道のりがうっすらと見えはじめ、C社経営者の不安も大分解消されたようです。

少子高齢化が急速に進む日本では、今後、後継者不在の問題から未来に残すべき企業が廃業の危機に直面することも増えていくことは間違いありません。

この点、のれん分け制度は、後継者不在の問題を解決する手段ともなりうるのです。

成否の分かれ目は「支店を任せられる社員」を発掘・育成できるか

「のれん分けで成功するためのポイントはありますか？」

これは、弊社セミナーにご参加いただいた方から頻繁にいただく質問です。のれん分け制度の導入を考えている経営者にとって、ぜひとも知りたい内容でしょう。この点を考えるにあたって、まずはここでいう「のれん分けで成功する」ことについての定義を考えてみる必要があります。

どのような状態を成功と呼ぶかは、会社によって異なります。例えば、のれん分けした店舗がそれなりに繁盛し、独立者の家族が生活できる程度に収入を得られるようになることを成功と捉える会社もありますし、独立者が複数店舗を経営する経営者となることを成功と捉えている会社もあります。のれん分け制度で目指す成功のあり方は、企業によって千差万別です。

のれん分け制度を導入しようと考えたら、まずはじめに、会社が目指す**「のれん分けの成功の定義」**を明らかにすることをおすすめします。

そして「のれん分けの成功の定義」が異なるのであれば、成功するためのポイントも当然に変わります。また、のれん分けをする事業の業種業態や会社の文化、働く社員の特徴によっても異なるものになるでしょう。

そのため、のれん分けで成功するためのポイントを一概に説明することは、とても難しい問題です。

しかし、のれん分けを成功させるために、どのような会社にも共通する重要なポイントがあります。

それは、**「本部の理念や方針をしっかりと共有できた、心の底から信頼して支店経営を任せられる社員だけをのれん分け制度の対象とすること」**です。

このポイントが満たされていれば、他の部分に多少の不備があったとしても、高い確率でのれん分けを成功させることができます。一方、どれだけ素晴らしい仕組みを構築していたとしても、このポイントを満たすことができていなければ、失敗する確率が格段に高まるのです。

それほど「誰にのれん分けをするか」ということは重要な問題といえます。

第1章では、現代において「本部と社員との十分な信頼関係」を前提条件とすることの難しさをご説明したばかりですので矛盾を感じる方もいらっしゃるかもしれません。しかし、それがどんなに難しいことであったとしても、本部はのれん分け成功のために「信頼できる人を対象にする」という点にこだわりを持たなければならないのです。

「失敗したらしりぬぐいをしてもかまわない」と思える人物が理想

本部と独立者が店舗の繁盛のために全力で取り組んだとしても、のれん分けにより独立した店舗のすべてが、将来にわたって利益を出し続けることなどありえません。経営をしていれば、利益が出ない苦しいときはいつか必ずやってくることでしょう。

このような苦しいときにも、本部の理念や方針を独立者と共有できていれば、本部と独立者で力を合わせて、苦しい状況の克服に向けて取り組んでいくことができるはずです。極論、この点さえ万全であれば、多少のれん分け制度の仕組みが不十分であったとしても、本部と独立者の信頼関係をベースに乗り越えていくことができるはずです。

一方、本部の理念や方針を独立者と共有できていなかったとしたらどうでしょうか。この場合、本部と独立者の関係は、「のれん分けした店舗が儲かるかどうか」だけの関係性となってしまいます。

のれん分けした店舗が繁盛している限りは大きな問題は起きないかもしれませんが、仮に経営環境が変化して店舗が赤字に陥ってしまった場合、高い確率で本部と独立者の関係は悪化していくことでしょう。最悪の場合は、本部と独立者との間で、契約内容等に関する争いが生じることもあるかもしれません。これでは、のれん分け制度が本部の経営のプラスになるどころか、経営者にとって新たな悩みのタネになる可能性さえあります。

このような結果を回避するためにも、常日頃、社員に対して本部の理念や方針を繰り返し伝えて共感度を高めていくとともに、独立を希望する社員が本部の理念や方針に共感しているかどうかを、日々の仕事ぶりから厳正に見極める必要があるのです。

のれん分けの成否を分けるポイントは、「誰をのれん分けの対象とするか」であることは、決して忘れてはなりません。

その意味で、「失敗したら本部がすべてしりぬぐいをしてもかまわない」と思えるくらい心の底から信頼できる社員が、のれん分け制度の利用者としては理想といえるでしょう。

契約書で縛っても
トラブルを防止することはできない

のれん分け制度を導入しようと考えている経営者によくみられる考えが、「トラブルが起きないように、万全な契約書をつくっておこう！」というものです。

もちろん第1章で述べたように、「21世紀ののれん分け」で成功するためには、信頼関係だけで問題を解決することには限界があることを認識し、双方の権利と義務を契約書等の形で明文化・共有化しておくことが不可欠です。

ですから、想定されるリスクを洗い出して、予めその取り扱いを契約書に定めておくという考えは、のれん分け制度を円滑に運用するために重要なポイントであることは間違いありません。

しかし、ここで一度立ち止まって考えてほしいことがあります。

それは、万全な契約書があったとして、それだけでトラブルの発生を未然に防ぐことができるのか、ということです。

確かに、契約書に本部と独立者双方の権利と義務が詳細に記述されていれば、双方で認識の相違が生まれた際に、解決の拠り所となることはあるでしょう。
ただし、契約書に明記されていることでも、独立者がそれに従うことを拒否したとしたらどうなるでしょうか。契約書に明記されているわけですから、裁判で争い、独立者に契約に記載された内容を力ずくで守らせることはできるかもしれません。

しかし、のれん分け制度を導入する時点から、契約書を盾に、裁判で争ってまでして無理やり独立者に本部の言うことを聞かせたいと考えている本部経営者などいないでしょう。ですから、本部が契約書を盾に、独立者に無理やり言うことを聞かせるようになった時点で「トラブルが発生した」といってもおかしくありません。そしてこのように考えれば、万全な契約書を用意したとしても、それだけでトラブル発生を防止することができないことがわかります。

この最たる例は、コンビニエンスストア本部と加盟店で争いが発生した24時間営業の問題です。コンビニ本部の契約書には、加盟店が24時間営業をすることが明記されていますが、そのことに反発した加盟店が声を上げ、「24時間営業の是非」が、社会的な問題にまで発展する事態となりました。まさに、本部が加盟店を契約書で縛ってもトラブル発生を防止することができないことを端的に示す事例といえます。

繰り返しになりますが、のれん分け制度の成功のためには、本部と独立者の権利と義務を網羅した万全な契約書の存在が不可欠です。しかし、それがあったからといって、それだけで本部と独立者間のトラブルを防止することはできません。契約書以前に、本部と独立者の間に盤石な信頼関係が築かれている必要があることを、本部経営者は心に留めておかなければならないでしょう。

こんな社員は独立させてはいけない！

のれん分けで独立した社員の立場は、会社に雇われている立場から、店舗経営に全責任を負う経営者の立場に変化します。事業体も、本部とは別の独立した事業体となり、規模は小さくとも、本部とは対等な立場となるのです。

ですから、のれん分けによって独立した社員は、独立以降、自らの力で厳しい経営環境を乗り越えていかなければなりません。当然、独立する社員には、一経営者としての覚悟が求められることになります。

本部は独立者の成功を願って、独立後も様々なサポートをしていくことでしょうが、独立者の経営のすべてに責任をもつことなどできません。それでは、会社に雇われている立場と実質的に変わりませんから、のれん分けをする意味がありません。

そのため、本部はのれん分けで独立する社員に一経営者としての覚悟があるかどうかを慎重に見極めなければならないのです。

独立を希望する社員に経営者としての覚悟があるかどうかを完全に見極めることは不可能かもしれません。ただし、絶対に独立させてはいけない社員を見極めることは、それほど難しいことではありません。具体的には、次のような姿勢が垣間見える社員は、のれん分け制度を利用させるべきではありません。

❶ 思い通りにいかないことを他人のせいにする

一度独立をしてしまえば、何が起きても自己責任です。

例えば、独立した翌日に天変地異が発生して店舗運営ができない事態になったとしても、経営者である以上、その責任を取るのは他人ではなく、自分自身なのです。そのため、経営者には、「すべては自己責任である」という覚悟が求められます。

ですから、思い通りにいかないことを他人のせいにする傾向のある人は、経営者には向いていません。

❷ 「のれん分けをすれば本部が成功させてくれる」と思い込んでいる

本部は、のれん分けした独立者が成功するようサポートこそしますが、成功を保証しているわけではありません。実際、本部としては独立者が経営者としての覚悟を決めて本気で仕事に取り組むことで、店舗の業績を高めてくれることを願っていることでしょう。

独立者に「本部が成功させてくれる」といったような依存心があるのであれば、それは雇用されている社員と変わりません。この状態では、のれん分けが独立者のためだけの仕組みとなり、本部には何のメリットも生まれません。

そのため、「のれん分けをすれば本部が成功させてくれる」と思い込んでいるような社員にのれん分け制度を利用させるようなことは避けなければなりません。

❸—口だけ達者で、行動が伴わない

結果を変えるためには、行動から変える必要があります。店舗の業績が思ったように上がらなければ、経営者の行動から変えていかなければならないのです。これが経営の原則です。

この点、社員の中には店舗の業績が思ったように上がらないときに、自らの行動を変えることなく「業績が上がらない理由」を一生懸命考える人もいるでしょう。しか

し、「業績が上がらない理由」をいくら考えたところで、自らの行動が変わらない限り、結果が変わることはありません。思ったように業績が上がらなかったとしても、常にどうやったら業績を上げられるかを考え、行動することが、経営者には求められるのです。

ですから、口だけ達者で行動が伴わない評論家タイプの社員は、経営者には向いていないでしょう。

❹新たに学ぼうとする姿勢がない

第2章で詳しく説明した通り、現代は昔と比べて経営環境が変化するスピードがどんどん速くなってきています。当然、企業が好業績を上げ続けるためには、変化する経営環境に合わせて、常に自社のあり方を適応させていく必要があります。

このためには、経営者が高い向上心を持ち、常に最新の情報やノウハウにアンテナを張って、日々インプットとアウトプットを繰り返していくことが何よりも大切です。

そのため、現在の姿に満足し、新たに学ぼうとする姿勢がない社員は、のれん分けで独立しても中長期的に上手くいく可能性は低いでしょう。

独立者に厳しい試練を課して、経営者としての覚悟を醸成する

基本的に、のれん分け制度を導入しようと考えている経営者は、社員を想う心が強い傾向にあります。そのため、独立する社員に対して、至れり尽くせりなのれん分けの仕組みを構築しているケースも散見されます。

例えば、独立者の自己資金がゼロでも独立できるようにしていたり、のれん分けした店舗が赤字に陥ったとしても独立者に最低限の収入を保証していたりするようなケースがあります。

経営者の「社員を想う気持ち」が強いことは、素晴らしい姿勢だと思います。しかし、独立する社員に対して、会社が至れり尽くせりな環境を整えることは、本当に独

立する社員のためになるといえるでしょうか。

例えば、「自己資金がゼロでも独立できる」ことは、表面上は独立者に大きなメリットがあることは間違いありません。

しかしながら、事業に必要な自己資金を自力で用意することは、通常であれば事業を立ち上げるための最低条件です。本来であれば、自己資金を自力で用意できない人は、事業を開始することさえできません。

自力で創業をする人のほとんどは、この自己資金の壁を自らの力で乗り越えています。資金を集めることがいかに大変かを知っているわけですから、当然、資金の使い方も慎重になりますし、節約できるものは節約するようになるでしょう。

一方、自己資金の壁を乗り越えずに独立してしまった人は、資金を集める苦労をしていないわけですから、実際に経営を開始してから苦労する可能性が高いのではないでしょうか。

古いことわざにも「獅子は我が子を千尋の谷に落とす」というものがあります。自らの子供に厳しい試練を課すことで、一人前に育てることができるという意味ですが、のれん分け制度を導入する本部の経営者にも、この姿勢が求められるでしょう。

逆説的ですが、独立者に厳しい試練を与えるからこそ、経営者としての覚悟が生まれるのです。

本部経営者が独立する社員の幸せを心から願うのであれば、経営者も覚悟を決めて、独立者に厳しい試練を課していただきたいと思います。

オペレーションができることと経営ができることは別の話

ここまでご紹介してきた通り、のれん分け制度を利用する社員には、「本部の理念や方針への共感度が高いこと」と「経営者としての覚悟を有すること」の2つの要件が求められます。

一方で、のれん分け制度を運用している企業経営者の話を伺っていると、独立する社員が「高いオペレーション能力を有していること」を理由に、のれん分けを認めているケースを目にすることがあります。

例えば、

・エステサロンを営む企業が、技術力が高く、ファンがたくさんついていることを重視して独立者を選定している
・飲食店を営む企業が、超繁盛店の営業を手際よく回せることを重視して独立者を選定している

等といったものです。

確かに、独立する社員は高いオペレーション能力を有している方が望ましいことは間違いありません。しかし、気を付けなければならないことは、「〝オペレーションができること〟と〝経営ができること〟は全く別次元の話である」ということです。

極端な話、オペレーションができなくても、経営ができれば経営者としては成功す

ることができます。実際、世の中には現場オペレーションが全くできないにもかかわらず、順調に経営をしている経営者がたくさんいます。
一方、オペレーションができたとしても、経営ができなければ経営者として成功することはありえないのです。

もちろん、経営したことのない人が、はじめから上手く経営できるはずもありません。その点は、本部が積極的にサポートしていかなければならないでしょう。
ここでお伝えしたいことは、のれん分けを認めるか、認めないかを判断する上で、「オペレーションができるかどうか」など些末な違いでしかないということです。

ですから、のれん分け制度の利用者選定にあたっては、「オペレーションができるかどうか」はあくまでおまけ程度に捉え、経営者として成功できるかどうかに大きな影響を与える「本部の理念や方針への共感度が高いこと」と「経営者としての覚悟を有すること」の2つの要件を、より重点的に見極めるべきでしょう。

すでに独立する覚悟が固まっている社員は、のれん分けの候補者ではない？

のれん分け制度の導入を考えている企業の多くは、すでにのれん分け制度の利用候補者が社内に数名いるかもしれません。

しかし、私のこれまでの経験では、経営者がのれん分け制度の利用候補者として想定している人材像と、実際にのれん分け制度の利用候補者になる人材像には、大きな隔たりがあるケースが多く見られます。この点は、のれん分け制度の導入を検討されている経営者の方々に知っておいていただきたい内容です。

のれん分け制度の利用候補者として真っ先に思いあたるのは、すでに独立することを心に決めている社員でしょう。ところが、私の経験則では、このような社員がのれん分け制度を利用する可能性は思いのほか低いのです。

というのも、すでに独立することを心に決めている社員は、ほとんどの場合、本部の助けがなくても自力で独立する勇気と覚悟、そして自力で独立しても成功する自信を備えているからです。

この場合、のれん分けで独立するよりも自力で独立した方が、自由に経営をすることができますし、ロイヤリティ等の費用負担も少なくなるなどのメリットがあります。

よく創業経営者とお話をしていると、「のれん分けで独立したとして、社員に何のメリットがあるのか？」などと疑問を投げかけられることがあります。これは、創業経営者の多くが、自力で独立する勇気と覚悟、そして自力で独立しても成功する自信を備えていたことからこのように感じるのでしょう。

このような人材は、たとえのれん分けによる独立という選択肢を示されたとしても、のれん分け制度を利用せず、自力で独立してしまう可能性が高いのです。

では、のれん分け制度の利用候補者となるのはどのような人材像なのでしょう。

独立志向がある社員といっても、その中には「自力で独立できる社員」と「自力で独立できない社員」の2パターンが存在します。業種業態にもよりますが、だいたい「自力で独立できる社員は1～2割」に対して「自力で独立できない社員は8～9割」

といったところではないでしょうか。

そして、のれん分け制度の利用候補者となりやすいのは、独立志向のある社員のうちの8～9割ほどを占める「自力で独立できない社員」、すなわち「いつか独立したいと考えているけれども、その一歩が踏み出せない社員」なのです。

独立には様々なリスクが伴います。例えば、収入が不安定になる可能性や投資した資金を失う可能性などのリスクは、どのような事業であれ抱えることになります。独立志向があるのに一歩が踏み出せない社員は、このような独立に伴って生じるリスクを、なかなか取ることができないのです。

ここに、社員にとってののれん分け制度を利用して独立する意味が生まれます。のれん分けであれば、経験豊富な本部のサポートが受けられますし、本部の直営店舗を引き継ぐ場合には、顧客基盤もすでに固まっているわけですから、収入が不安定になるリスクもほとんどありません。のれん分けの方が、自力で独立することよりも、圧倒的にリスクが低くなるのです。

リスクが低くなればリターンも少なくなるのが世の中の常です。創業経営者にとっては、この選択肢をとることが理解できないかもしれませんが、リスクが気になってなかなか独立に踏み出すことができない社員から見れば、この選択肢には大きな魅力を感じることでしょう。

本部経営者としては、のれん分け制度の真の利用候補者を正しく理解し、該当する社員の気持ちに配慮した仕組みを構築していく姿勢が求められるのです。

信頼できる優秀な社員へのれん分けを検討してみては？

どのような会社にも、信頼できる優秀な社員が数名はいることでしょう。このような社員を外部に流出させてしまっていては、いつまで経っても会社が発展していくことなどありえません。

とはいえ、店舗ビジネスの特性と環境変化のスピードが速い時代背景を考えれば、優秀な社員を一生社内に抱え込むことも現実的に難しいでしょう。

この矛盾が、多くの店舗ビジネス経営者を悩ませる原因となっていることは、第1章でもお伝えした通りです。

店舗ビジネスを営む企業が今後も持続・発展していくためには、この問題は避けて通ることはできません。

むしろ、少子高齢化の進展による労働人口の減少、政府方針に伴う賃金水準の上昇等といった世の中の動向を考えると、この問題は、時の流れとともにより一層深刻化していく可能性が高いでしょう。

弊社でも、店舗ビジネス専門のコンサルティング機関として、この問題の解決策を日々考え続けていますが、今のところ、のれん分け以上にこの問題を解決できる可能性のある方策には出合うことができていません。現時点では、この問題への対処方法はのれん分けがベストであると確信しています。

先にも述べた通り、結果を変えるためには、経営者から行動を変える必要があります。本書との出合いをきっかけに、信頼できる優秀な社員へののれん分けを検討してみてはいかがでしょうか。

第4章

未経験者でも「将来の独立候補者」に育て上げるシステムづくり

将来の独立候補者を育てる4つのステップ

ここからは、のれん分けで安定的に独立者を輩出していくための「将来の独立候補者の育て方」を紹介していきます。

第3章でも述べた通り、のれん分け制度の真の対象者は「いつか独立したいと考えているけれども、その一歩が踏み出せない社員」です。そのため、のれん分け制度を活用して多店舗展開を進めていくためには、独立志向が高い限られた社員だけをのれん分け制度の対象とするのではなく、少しでも独立に興味がある社員を広く対象として、独立候補者として育て上げていく必要があります。

しかしながら、社員から見れば、のれん分けによって独立することは自らの人生を左右する重大な決断ですから、そう簡単に決断することはできません。

弊社がこれまでのれん分け制度の導入をサポートさせていただいた経験でも、のれん分け制度の導入直後に独立者が現れることは、のれん分け制度導入前から利用者が決まっていたケースを除けば、極めて稀なケースといえます。

のれん分け制度を導入する経営者の中には、「のれん分け制度を導入しさえすれば会社内外から利用希望者が次々に現れる」といった楽観的な考えを持っている方もいますが、すぐに利用希望者が現れたとしたら、それはむしろラッキーな出来事と捉えるべきでしょう。

ですから、本部としては、1～2年程度先を見据えて、段階的に独立候補者を育て上げるシステムをつくり上げていかなければなりません。独立候補者育成の巧拙で、のれん分け制度の利用率には大きな差がでることは間違いありません。

独立候補者育成の方法については、本部の組織体制や働く社員の特性等によってあり方が変わってきますが、弊社では、基本的に次の4つのステップに分けて独立候補者育成の仕組みを整備することを推奨しています。

ステップ1 ― 各社員が「目指すキャリア」を考える場を提供する

のれん分け制度を利用して独立するかどうかを検討する以前に、「各社員が将来どのようなキャリアを実現したいのか」という点について予め真剣に考えてもらう必要があります。自らの将来のあり方について真剣に考えることなく、のれん分けによる独立という選択をすることなどできないからです。

とはいえ、普通の社員は自分から率先して自らの目指すキャリアを考えることなどありません。ですから、会社から積極的に、各社員が目指すキャリアを考える場を提供していく必要があるのです。

ステップ2 ― のれん分け制度説明会を開催する

のれん分け制度を具体的な形にしたら、のれん分け制度の導入理由と仕組みの詳細を全社員に共有するための説明会を開催します。一度開催して終わりではなく、継続的に開催することで自社ののれん分け制度に対する理解度を高め、のれん分けによる独立という選択肢を各社員にすり込んでいきます。

ステップ３ ― 独立に向けた教育と動機付けを行う

説明会を通じて、のれん分け制度に多少なりとも興味をもった社員に対して、独立に向けた教育と動機付けを進めていきます。ここは時間がかかるポイントです。半年から1年くらいの時間軸で、定期的・継続的に働きかけていきます。

ステップ４ ― 独立への決断を迫る

独立に向けた教育と動機付けが完了した段階で、社員に決断を迫ります。のれん分け制度を利用して独立するのか、独立しないのか、社員に決断を迫ることで、のれん分けによる独立という選択肢と本気で向き合ってもらいます。

ここからは、それぞれのポイントについて詳しく見ていきたいと思います。

のれん分け以前に、それぞれの社員が望むキャリアを考えさせる

将来の独立候補者育成に向けた第1ステップは、会社の全社員に、それぞれが望むキャリアのあり方を考えてもらうことです。

のれん分けによる独立は、社員が選ぶことができるキャリアの選択肢の1つに過ぎません。のれん分けによる独立という選択肢を選んでもらうためには、

・そもそもどのようなキャリアの選択肢があるのか
・それぞれのメリット・デメリットはどのようなものなのか

を社員に知ってもらった上で、「自分はどの選択肢を選ぶのか」を考えてもらう必要があります。

例えば、「働く場」と「目指す姿」という切り口で考えただけでも、社員には少なくとも次のキャリアの選択肢があることになります。

働く場	目指す姿	メリット	デメリット
会社の中	管理職を目指す	責任のある立場で仕事ができ、その働きに見合った安定的な報酬を得ることができる。	管理職のポジション数に限りがあり、厳しい競争に勝たなければならない。
	専門職を目指す	自分が興味をもてる専門分野に集中して仕事に取り組むことができる。	生み出せる付加価値に限りがある分、報酬アップにも限界がある。
独立	自力で独立する	自分のやりたい形で事業運営ができ、成功したときに得るものも大きい。	どのような商売も競争環境は厳しく、成功できる人は限られている。
	のれん分けで独立する	実績のある方法で開業でき、本部サポートも受けられるため、自分で一からはじめるのと比べて成功する確率は高い。	本部の方針に従う必要があり、すべてを自由にすることはできない。

もちろん、このほかにも選択肢はあります。

そして、どのような選択肢であろうとも、メリットもあれば、デメリットもあります。しかし、このようなキャリアの選択肢を社員が学ぶ機会は通常ありませんし、自らのキャリアについて考える機会もないでしょう。そのため、キャリアについて意識の高い社員以外は、このようなことを考えたこともないのではないでしょうか。

この状態では、のれん分けによる独立という選択肢が選ばれるはずもありません。

ですから、のれん分けによる独立という選択肢を社員に選んでもらうためには、会社から積極的に社員に対してキャリア教育の場を提供し、社員が選ぶことのできるキャリアの選択肢とそれぞれのメリット・デメリットを知ってもらった上で、各社員がどのようなキャリアを目指すのか、真剣に考えてもらう必要があるのです。

まずは「のれん分け制度の仕組み」と「導入の理由」を社内に浸透させる

キャリア教育を実施し、社員の中にのれん分けによる独立という選択肢がぼんやりと浮かんで来たら、「のれん分け制度の仕組み」と「導入の理由」を、全社員に共有するのれん分け制度説明会を開催します。

のれん分け制度説明会を開催することは、将来の独立候補者を育成していく上での実質的なキックオフとなります。そのため、のれん分け制度説明会で、社員にのれん分けについて興味をもってもらえるかどうかは極めて重要なポイントとなります。どうしたら社員がその気になるかを徹底的に考え、万全な状態で説明会に臨むことが求められるでしょう。

以上を踏まえ、弊社では、のれん分け制度説明会を開催する際には次のポイントを押さえて実施することを推奨しています。

❶ 非日常的な環境で発表する

社員の心の動きを考えると、のれん分け制度説明会は、日々の延長線上ではなく、非日常的な環境を用意して開催するべきです。

例えば、普段は会社の事務所で会議を行っている場合に、のれん分け制度説明会がホテルの会議室を借りて実施されるとしたら、参加する社員はどのように感じるでしょう。

会場が異なるだけでも、会社の本気度が伝わり、参加する社員の話を聞く姿勢も、普段よりも集中したものに変わるのではないでしょうか。

少なくとも「日常の会議のついでに行う」といった姿勢ではなく、のれん分け制度説明会のための時間を用意するくらいはするべきです。たったそれだけのことでも、説明を受ける社員の話を聞く姿勢が変わり、次のステップにつながっていく可能性が格段に高まるはずです。

❷─導入の理由を経営者の言葉で語る

社員にのれん分け制度の説明をする際には、制度の具体的な説明に入る前に、「のれん分け制度を導入する理由」を伝えることが大切です。

どのような会社であれ、のれん分け制度を導入する目的には、会社の発展はもちろんのこと、社員の自己実現を応援する目的も含まれているはずです。のれん分け制度が、会社と社員、双方にとっての幸せを追求するＷｉｎ－Ｗｉｎの仕組みであることを社員が認識すれば、その後の説明の捉え方も大きく変わってくるはずです。

そして、この時何よりも大切なことは、のれん分け制度を導入する理由を、経営者の言葉で語ることです。

のれん分け制度を導入することについて、経営者ほど真剣に考えている人などいるはずがありません。たとえのれん分け制度の導入に深くかかわった役員や幹部社員であったとしても、その差は歴然ではないでしょうか。

この想いの強さの違いは、説明を受ける社員も敏感に察知するはずです。

どんなに素晴らしいのれん分け制度の導入目的があったとしても、そこに強い想いがなければ、社員の心を動かすには至らないでしょう。そして、これができるのは、のれん分けについて最も真剣に考えている経営者以外はありえないのです。

ですから、具体的な制度概要は別としても、のれん分け制度を導入する理由だけは、経営者が自らの言葉で語らなければならないのです。

❸—のれん分け制度の仕組みの詳細を示す

のれん分け制度を導入する理由を経営者の言葉で伝えた後は、のれん分け制度の仕組みについて詳しく触れていきます。ここで大切になるのが、のれん分け制度の仕組みを、できる限り詳しく、具体的に示すことです。

のれん分け制度の仕組みを専門的な知識を持たない社員に伝えるのは困難な作業です。実際、弊社のセミナーでも、2時間以上をつかってのれん分け制度の導入を検討されている経営者にのれん分け制度の仕組みや考え方を説明しています。これくらいの時間を割いて丁寧に説明しなければ、のれん分けの前提知識のない人にはなかなかご理解いただくことが難しいのです。

そして、弊社のセミナーと同じことを、のれん分け制度を導入したばかりの本部経営者が行うことは、現実的に難しいでしょう。そのため、会社によっては、このことを理由にのれん分け制度の仕組みについて、説明会の段階では最低限の内容しか社員に示していないケースもあります。

しかし、ここで意識しなければならないことは、のれん分け制度説明会で最重要視すべきことは、のれん分け制度の仕組みを社員に完全に理解してもらうことではなく、「のれん分け制度に対する会社の本気度を伝えることにある」という点です。

のれん分け制度の前提知識がない社員に、一回の説明で仕組みのすべてを完璧に理解してもらうことなど不可能です。しかし、ここで詳細かつ具体的な情報が発信されているかどうかは、説明を受ける社員の受け取り方に大きな影響を及ぼすことになります。

のれん分け制度説明会の中で抽象的な内容しか説明がなければ、のれん分け制度の利用を本気で受け止める社員などいないでしょう。完全には理解できなくとも、具体的な説明があるからこそ、のれん分け制度が社員にとって実際に選べる選択肢であることが伝わるのです。

説明会で示すべき情報としては、例えば、本部のサポート内容と独立者の義務、独立者が本部に支払うことになる対価の種類、本部が想定している独立者の収支モデル、独立者が用意しなければならない自己資金の額、のれん分け制度を利用するための条件、独立までの流れ等があげられます。

❹「ステップ3─独立に向けた教育と動機付け」フェーズにつなげていく

のれん分け制度説明会は、のれん分け制度の仕組みを説明して終わりではありません。

先にもお伝えした通り、のれん分けにより独立をすることは、社員にとって人生を左右する大きな決断となるわけですから、説明会で話を聞いたからといって、すぐに独立を決断することはありえません。

ですから、説明会の内容を聞いて、のれん分け制度に少しでも興味をもった社員には、会社から積極的に、次のステップである「独立に向けた教育と動機付け」のフェーズに誘導していかなければなりません。

そのためにも、のれん分け制度説明会の最後には、必ず参加した社員にアンケートを実施し、「のれん分けに興味がある・なし」を回答してもらうべきでしょう。または、次の具体的なステップとして「研修への参加」や「個別面談」などを予め用意しておき、説明会が終わった時点で次のステップに進むかどうかを選択してもらってもよいでしょう。

のれん分け制度説明会を経てのれん分けに興味をもった社員は、将来の有力な独立候補者となります。この社員たちに対して、第3ステップである「独立に向けた教育と動機付け」を、時間をかけて行っていくのです。のれん分け制度説明会の最終的な目標は、第3ステップに進む社員を選抜することにあるのです。

社員として働く間に、独立候補者に身に付けてもらいたい2つの素養

のれん分け制度説明会を開催したら、第3ステップである独立に向けた教育と動機

付けに取りかかります。進め方には様々な方法が考えられますが、「半年から1年くらいの時間軸で取り組むこと」と「定期的・継続的に働きかけること」の2点が大切です。

例えば、社内研修の形式で、月に1回程度の頻度で、定期的・継続的に進めていくことが考えられます。

教育する内容は、将来独立を目指す社員が、ただ独立するだけではなく、「独立後に成功できるようになるために身に付けておくべき内容」とする必要があります。弊社では、独立候補者が次の2つの素養を身に付けられるよう教育システムを設計していくことを推奨しています。

❶—問題解決能力

のれん分けで独立した社員は、独立以降、何が起きても自らの力で道を切り開いていくことが求められます。どのような理不尽な問題が生じたとしても、その結果生じた責任は、すべて自らが負わなければならないのです。

この時、独立者に求められるのは、解決が困難な問題にぶつかったとしても、ありとあらゆる手段を駆使して問題を解決する能力です。この素養が備わっていれば、独立後、高い確率で成功することができるでしょう。一方、苦しい時に誰かから指示されるのを待っているようでは、とうてい成功することなどできません。

この問題解決能力は、自然と身に付くものではありません。自分自身がすべての問題を解決する責任者であることを自覚し、発生した問題に対して自らができる打ち手を突き詰めて考え、計画に落とし込み、実際に行動すること。このプロセスを繰り返すことでしか、問題解決能力は身に付いていかないのです。

ですから、会社としては、独立候補者が会社で働いているうちに、このプロセスを繰り返すことで、独立候補者の問題解決能力を養っていかなければなりません。

問題解決能力を高めるためには、例えば、次のプロセスを月次で回していくことが考えられます。

(1) 会社と独立候補者ですり合わせの上、高い目標値を設定する
(2) 独立候補者に「目標を達成するために自らにできる具体的な取り組み」を洗い出してもらい、計画に落とし込む
(3) 独立候補者が作成した計画を遂行する
(4) 目標達成度及び計画遂行度を振り返る

特にポイントとなるのは「(2)」の部分です。
独立を志向する社員には、「結果」だけではなく、結果を達成するための「行動の質と量」まで、徹底的に求めるのです。

ほとんどの会社では、社員に対して売上や利益など、事業活動の結果としての目標が設定されていることでしょう。一方、目標を達成するための「行動の質と量」にまで目を向けられていることはほとんどありません。

しかし、目標を達成するために社員に「行動の質と量」が伴わなければ、たとえ目標を達成できたとしても、それはただの偶然に過ぎません。例えば、近隣の競合店が

撤退したり、地域の人口が増えたりすれば、社員が何もせずとも売上は上がるでしょう。それが理由で目標を達成したとして、その達成に価値があるでしょうか。

また、ほとんどの社員は目標未達成の原因が自分の責任であることを認めたくないはずですから、目標達成できなかった理由を経営者が後から確認したとしても、社員の口からは様々な言い訳がでてくるはずです。しかし、そんな言い訳を聞いたところで、目標を達成することはできません。

そのため、結果としての目標だけに目を向けているとしたら、その目標は無意味です。

社員は、「事業活動の結果」を直接的にコントロールすることはできません。どんなに努力をしたとしても、環境に恵まれなければ、目標を達成できないときはあるでしょう。しかし、どんなに逆風が吹いていたとしても「行動の質と量」は社員が直接的にコントロールできるのです。

ですから、会社は結果としての目標だけではなく、目標を達成させるための社員の

「行動の質と量」にまで目を向ける必要があります。目標達成・未達成の以前に、社員自らが決めた「行動の質と量」をやりきっているのかどうかを問うのです。

こうすることによって、社員には言い訳を言っている暇などなくなります。いかなる理由であれ目標を達成できなかったのであれば、目標を達成するために次は具体的に何に取り組むのか、目標を達成するまで「行動の質と量」をブラッシュアップし続ける必要性が生まれるのです。もちろん、自らが決めた「行動の質と量」をやりきっていなければ話にもなりません。

これは、本部の経営者から見れば当たり前のことに感じるかもしれませんが、独立候補者にとっては非常に苦しい作業となります。しかし、この鍛錬を事前に行っているからこそ、独立後には自然と同様のサイクルを回していくことができるようになるのです。

のれん分けで独立した社員は経営者となるわけですから、当然、経営者が知っておくべき最低限の経営知識は備えておく必要があります。

例えば、独立をする際、多くの場合には金融機関から借り入れを行うことになりますが、その際、事業計画書の提出が求められることになります。独立者がこの事業計画書をつくれないようでは、そもそも経営者になることはできません。

経営者となる以上、独立者が自らの事業計画書を自分の力でつくれるようになることは、最低条件です。このためには、経営戦略やマーケティング、財務会計等について、一定程度の知識を有している必要があるでしょう。また、企業が存続するために必須である資金繰り、人の雇用に関する労務知識、経営者として知っておくべき税務知識等、経営にまつわる知識も経営者にとって不可欠なものといえます。

これらの内容は、意図的に学ぼうとしなければ、普通は一生学ばないまま終わってしまいます。のれん分けで安定的に独立者を輩出していこうと考える以上、経営知識の習得を独立候補者任せにするわけにはいきません。

ですから、本部としては、独立までに独立候補者が経営者として成功するために学ぶべき内容をリストアップし、それを漏れなく体系的に学ぶことができる研修カリキュラムを社内に用意したり、外部研修を利用したりするなどして、独立候補者に経営知識を習得する機会を提供する必要があるのです。

また、経営について学びが進めば、当然、のれん分けによる独立に対しても興味を覚えるようになることでしょう。のれん分け制度の利用希望者を増やすためにも、社員に経営知識を教育していくことが求められるのです。

時には厳しく突き放してでも、「責任感」を身に付けさせろ！

将来の独立候補者を育てていくにあたり、本部経営者が注意しておかなければならないことがあります。それは、「なんでもかんでも本部が独立候補者の面倒をみてあげることは避けなければならない」ということです。

のれん分け制度を導入しようと考える本部経営者の多くは、これまで会社に長年貢献してくれた社員のために、自分がこれまで経営者として経験してきたことや学んだことを踏まえ、独立候補者に様々なサポートをしようとします。これは、のれん分け制度を導入する本部経営者の姿勢として、あるべき姿だと思います。

しかし一方で、**「なんでもかんでも本部が独立候補者の面倒をみてあげる」ことによって生じる弊害**にも目を向けなければなりません。

のれん分けによる独立であったとしても、独立する以上、その後の責任はすべて独立した社員の自己責任となります。独立した日の翌日に、天変地異が発生したとしても、その責任は独立者が負わなければならないのです。

実際、弊社がのれん分け制度の導入をサポートさせていただいたフィットネスジムを営むＯ社では、２０２０年２月に独立をした社員がいました。

２０２０年２月といえば、国内で新型コロナウイルス感染症の拡大が目立ちはじめたタイミングであり、同年４月には緊急事態宣言が発令され、影響を受けるどころか、まともに営業することさえできない状態にまで陥ってしまったのです。

このような理不尽なことが発生したとしても、その責任は、経営者である独立者が負わなければならないのです。極端な事例かもしれませんが、経営をするということはこういうことではないでしょうか。

この点O社では、経営者から、独立するということがどういうことか、独立者が会社で働いているときから時間をかけて教育をしてきていました。その中には、「独立後に何が起きても自己責任である」という前提があり、常日頃から、独立候補者には経営者としてあるべき振る舞いを求めていたのです。

ですから、独立した社員もこの現実を受け止め、いかに理不尽な状況下であろうとも、O社に責任を求めるようなことは一切なく、危機を乗り切るために、その時自分にできることを徹底的に考え、行動に移していきました。

その結果、今はその苦境を脱し、順調な経営を実現しています。

このとき、本部がなんでもかんでも独立候補者の面倒をみてあげるような姿勢であったとしたら、独立者は自分の力でこの危機を乗り越えることができたでしょうか。このような姿勢では、予期せぬ事態が発生したときに、本部に依存したり、最悪の場合には本部に責任を求めたり、といったようなことにもなりかねません。

本部経営者が独立候補者を想う気持ちを持つことは大切なことです。しかし、だからといって、本部がなんでもかんでも独立候補者の面倒をみてあげることは、独立候補者にとって必ずしもプラスにはならないのです。

ですから、心を鬼にして、独立候補者を時には突き放し、独立後はすべて自己責任となることを、会社で働いているときから体感させておかなければなりません。

独立候補者の育成のために、「人事評価制度」は透明化&明確化

のれん分け制度を安定的に運用していこうと考えたときに、この第3ステップで併

せて考えなければならないことが、「人事評価制度」との関連性です。

社員にのれん分け制度を利用して独立するための条件を示し、独立候補者を育成するための教育や動機付けを行っていったとしても、その結果、各社員が独立に近づいていることを実感することができなければ、中長期的にモチベーションを保つことは難しいでしょう。

独立候補者のモチベーションを維持するためには、独立に向けて社員が努力をした結果が適切に評価されるとともに、その評価が各独立候補者にフィードバックされなければならないのです。

これを実現するためにも、のれん分け制度と人事評価制度を連携させていくことが大切です。具体的には、会社が独立候補者に求める能力や姿勢を評価基準としてまとめて人事評価制度に落とし込み、半期に1回程度の頻度で各社員を評価し、良かった点や改善すべき点をフィードバックしていくのです。

このように、のれん分け制度の利用者に求められる基準が、人事評価制度として透明化&明確化されていれば、独立候補者は常にのれん分け制度を利用して独立するまでの距離を確認することができるわけですから、自ずとモチベーションも持続していくはずです。

また、**人事評価制度が透明化&明確化されることで、のれん分け制度の運用時に起こりがちな問題を回避できるという副次的なメリットもあります。**

例えば、のれん分け制度を利用できる枠が1人分しかないところに、複数名の立候補者が現れた場合に、誰を選定するのか、といった問題が起こることがあります。

この際、独立者を選定する基準が曖昧であったり、基準が後出しであったりすると、選ばれなかった立候補者から不満が生まれることは避けられません。これは、立候補者の立場で考えれば当然のことでしょう。

このような事態を予防するためには、のれん分け制度の利用を認める社員の選定基準が明確で、かつ予め明示されている必要があります。これには、のれん分け制度と人事評価制度を連携させておくことが、最も効率的かつ妥当な方法といえるのではないでしょうか。

例えば、

・勤続年数は何年以上か
・どの役職から独立の対象となるのか
・どのような基準で評価され、どの程度の評価を得ていなければならないのか
・複数人の立候補者から独立者を選定する場合、どのような基準で選ばれるのか

等は、予め明らかにしておかなければならないでしょう。

なお、社員の働きを適正に評価し、フィードバックする人事評価制度の存在は、のれん分け制度導入の有無にかかわらず店舗ビジネスの拡大に不可欠なものといえます。のれん分け制度の導入を検討していて、透明かつ明確な人事評価制度が整備されていない場合は、のれん分け制度と人事評価制度を併せて導入することをおすすめします。

「本部の理念や方針」を、社員が深く理解する仕組みも不可欠

のれん分けで独立した社員は、独立以降、本部とは独立した事業体となります。そのため、独立後は、会社に雇われている時代とは異なり、本部から独立者に対して、経営方針や店舗運営方法について指示や命令をすることは原則できないことになります。

もちろん、契約に基づいて一定程度の統制を行うことは可能でしょうが、契約書による統制には限界があることは、先にお伝えした通りです。

同じブランド名で事業を運営しているにもかかわらず、店舗によって方針や店舗運営方法が異なるとしたら、店舗を利用する顧客はどう感じるでしょうか。

同じブランドを使用して店舗展開することのメリットは、「どの店舗を利用しても一定品質のサービスを受けることができる安心感を顧客に与えられること」にあるわ

けですが、店舗によって方針や運営方法にばらつきがあれば、顧客はその安心感を得られないことになってしまいます。むしろ、店舗によって方針や運営方法にばらつきがある状態では、ブランド全体に対する顧客のイメージ悪化につながる可能性があるのです。

このような事態を防止するためにも、本部としては、将来ののれん分けに向けた教育と動機付けの一環として、社員が会社で働いているうちに、本部の理念や経営方針を十分に理解してもらえるよう働きかけていく必要があるでしょう。

社員に本部の理念や経営方針を深く理解してもらうための仕組みのあり方は、これだけでも本が一冊かけるほどの内容になりますのでここでは詳細は割愛しますが、特に重要なポイントを上げるとすると、「経営者自らの言葉で、繰り返し発信し続けること」と「経営理念や方針について社員が考える場を提供すること」が何より大切といえるでしょう。

❶ 経営者自らの言葉で、繰り返し発信し続ける

のれん分け制度を導入する理由と同様、経営理念や方針について誰よりも真剣に考えている経営者が、自らの言葉で繰り返し語ることによって、徐々に社員に浸透していくことが期待できるのです。

理念や方針が社員に十分に浸透していない会社の大半は、この重要なポイントが押さえられていないのではないでしょうか。

なお、ここでいう「経営者の言葉」とは、社員と向かい合って直接語りかけることだけを指すものではありません。経営者の言葉には、動画はもちろんのこと、経営者が書いた文章も含まれます。

不思議なもので、文章には書き手の思想や人柄が明確にあらわれます。例えば、経営者が理念や経営方針について考えていることを社内報などの形で定期的に発信していくだけでも、継続することで大きな違いが生まれるでしょう。

❷ 経営理念や方針について社員が考える場を提供する

経営理念や方針を社員に浸透させることを考えたときに、「経営者自らの言葉で、繰り返し発信し続けること」と併せて取り入れたいことが、「経営理念や方針について社員が考える場を提供すること」です。

ただ経営理念や方針を伝えられているだけでは、どうしても「他人事」と感じてしまう社員も多いものです。この状態では、経営理念や方針の浸透に時間がかかってしまいます。

そこで、会社の経営理念や方針を社員の「自分事」に転換していくために、経営理念や方針について社員が考える場を定期的・継続的に提供していくのです。

例えば、朝礼や会議で「ここ最近、経営理念や方針に関して得た気づきを発表してください」などと問いかけられたとすれば、社員は嫌でも経営理念や方針を意識しなければならなくなります。社員の視点で考えれば、会社から経営理念や方針について考えるきっかけが提供されたことで、これまで「他人事」であったものが「自分事」

に変わるのです。

　これにより、会社から経営理念や方針を伝えられているだけの状況と比べれば、社員の経営理念や方針に対する向き合い方が変わり、浸透に要する期間が短縮されていくことが期待できるでしょう。

　会社の経営理念や方針を社員に浸透させたいと考えるのであれば、まずは「経営者自らの言葉で、繰り返し発信し続けること」と「経営理念や方針について社員が考える場を提供すること」を実践していくとよいでしょう。

決断を待つだけでは不十分。「決断の機会」を会社で提供してあげる

独立候補者に対して時間をかけて独立に向けた教育と動機付けを行い、独立のための準備を整えてきたとしても、なかなか独立候補者が独立することを決断できないケースもあります。そこで最後のステップとして、社員に「独立への決断を迫る機会」を会社が提供するのです。

のれん分けによる独立は、社員にとって人生を左右する重大な意思決定である一方、通常、そのタイミングで決断を下さなければならない理由はありません。そのため、独立候補者が決断するタイミングを待っているだけでは、独立するのがいつになるのかわかりません。社員によっては「一生独立するタイミングが来ない」なんてことも考えられます。これでは、安定的に独立者を輩出していくことなど不可能です。

そのため、独立候補者の決断を待つだけでは、本部の姿勢としては不十分でしょう。

そこで、独立に向けた教育と動機付けがある程度進んできたら、タイミングを見て、独立候補者に対して本部から「決断の機会」を提供します。独立候補者に「そのタイミングで決断する理由」を提供するのです。

独立への決断を迫る方法は様々考えられますが、代表的な手法としては、期限を切ってのれん分け制度の利用希望者を公募する方法があります。

会社からのれん分け制度の利用希望者を公募するということは、社員側から考えると、そのタイミングでのれん分け制度の利用を希望するか、希望しないか、いずれを選択するかを期限内に決断しなければならないことになります。期限を切って公募を開始した瞬間、社員にとって、そのタイミングで決断しなければならない理由が生まれるのです。

まだのれん分け制度の利用実績がない場合には、最初の利用者に対して何らかの特典を付与する方法も効果的です。実績がなく、独立者にとってのリスクが高い分、通常時と比べて有利な条件を提示するのです。これも、のれん分け制度の導入初期段階における「決断の機会」といえるでしょう。

もちろん、決断の機会を提供したからといって、のれん分け制度の利用希望者が現れる保証はありません。むしろ、のれん分け制度を導入してからしばらくは、利用希望者が現れないと考えていた方が自然です。

それでも、社員に「決断の機会」を用意しているかどうかで、利用希望者が現れる可能性に大きな違いがでることは間違いありません。

のれん分けによる独立者を安定的に輩出していくためには、「独立の決断」を独立候補者任せにしてはいけません。独立候補者の決断を、会社から積極的に後押ししていくことが、のれん分け制度で独立者を安定的に輩出していくポイントとなるのです。

新人を募集するときは、「独立候補になれるか?」も判断基準に

ここまで、将来の独立候補者を育てるための考え方をご紹介してきましたが、のれ

ん分けによる独立者を安定的に輩出していくことを考えた場合、独立候補者を社内で育てていくことに加えて、新しい社員を採用する段階で、独立候補者に向いた人材を積極的に採用していく視点を持つことも大切です。

そのためにも、新しい社員の採用可否を検討する際の基準に、「独立候補者になれるかどうか」を判断する基準も加えておくとよいでしょう。これは、会社が採用するに値する人材かどうかを見極めるための基準とも矛盾しないはずです。

のれん分けに向いている社員の特性については、すでに第3章で詳しく触れた通り、「経営者に向いているかどうか」と「本部の理念や方針に共感してくれるかどうか」の2点が重要となりますから、面接時にこの点を確かめるのです。

この点を確かめるためには、例えば

・常に新しいことを学んだり、チャレンジしたりする姿勢があるか
・評論家タイプではなく、何事にも責任をもった行動をしているか
・すべての責任は自分にあると捉えているか

・仕事をする上で大切にしていることは何か
・仕事を通じて実現したいことはどのようなものか

などを確認しておくとよいのではないでしょうか。

採用までの短い期間の中で、独立候補者になれるかどうかを正確に見極めることは難しいですが、それでも本部としては、採用の段階でこれらのことを意識していることが大切といえるでしょう。

あまりに独立志向が強すぎる人材は、のれん分けには向いていない?

ただし、ここで一点気を付けなければならないポイントがあります。

それは、「あまりにも独立志向が強すぎる人材は、のれん分けには向いていない」ということです。

このような人材は、「経営者としての資質」という観点では合格に値するかもしれません。しかし、すでにお伝えした通り、のれん分けでは「独立者が本部の理念や方針に共感していること」が、「経営者としての資質を有していること」と同じくらい大切です。

あまりにも独立志向が強いということは、裏を返せば、その人にとって最も大切なことは「独立すること」であるともいえます。この場合、「本部の理念や方針への共感度」はそれほど期待できないかもしれません。

また、私の経験則では、独立志向の強い人材は、独立後の経営方針についても「自己流」にこだわるケースが多い印象です。

例えば、弊社があるラーメン店でのれん分けの導入をサポートさせていただいた際に、本部が各メニューのレシピを明確に定めているにもかかわらず、独立者が自分なりにアレンジして味付けや盛り付けを変えてしまったり、独自に開発したメニューを提供してしまったりすることがありました。

もちろん、このような行為は契約違反の対象で、本部は何度も注意しましたが、全く耳を貸しません。しかも、自己流の結果は顧客からは不評という最悪の状況です。結果、そののれん分け店舗は、独立から1年も経たずに業績不振で撤退する事態に陥ってしまったのです…。

独立候補者になれるかどうかを考える際、独立心があるかどうかは重要なポイントとなりますが、その独立心の強さが「本部の理念や方針への共感度」とバランスがとれるものかどうか、慎重に見極める必要があるでしょう。

ホームページなどで制度を細かく紹介すると、独立向きの人材が集まりやすい

本章の最後に、独立候補者に向いている人材を社外から集めるためのポイントについて触れておきたいと思います。

のれん分け制度を導入する目的の一つに、「会社の働く場としての魅力を高め、優秀な人材を多く確保したい」と考える経営者は多いでしょう。働き手不足が深刻化し、人材獲得競争は業種の枠を飛び越えて激化しています。この点、労働条件や社内キャリアパスの整備に限界がある店舗ビジネスを営む企業にとって、のれん分け制度の導入は、働く場としての魅力を高める有効なツールといえます。

ただし、求職者に対して「うちの会社にはのれん分け制度がありますよ」というだけでは、ほとんど効果は見込めません。

弊社セミナーへの参加者や、のれん分け制度の導入についてご相談に訪れた方の会社の多くは、まだのれん分け制度の具体的な形がない状態でも、求職者向けの採用サイトなどで「将来、のれん分けで独立することができます」などといった記載をしています。しかし、具体的な形はないわけですから、表現は抽象的にならざるを得ません。

ここに、「せっかくのれん分け制度の情報を記載しても、何の効果も生み出さない」という問題が生じます。

このような抽象的な情報では、のれん分け制度の存在を求職者に信用してもらうことはできないのです。

例えば、みなさんが体の不調で悩んでいて、その解決のためにマッサージ店を利用することを考えた場合、あるお店から「うちなら1回の治療で身体の悩みを解消できますよ！」といわれたとします。

しかし、それ以外の具体的な情報がもらえなかったとしたら、そのお店を信用することができるでしょうか。

おそらく、具体的な施術の内容や考え方、過去の顧客の事例など、より詳しい情報を聞かない限り、信用することはできないはずです。

これはのれん分けに限りませんが、ターゲットに自社の強みや魅力を伝える際には、抽象的な表現ではなく、具体的な情報を伝えることが不可欠なのです。

ですから、「のれん分け制度をアピールして優秀な社員を多く確保したい」と考えるのであれば、社員に対するのれん分け制度説明と同様、求職者に対してものれん分け制度の詳細な情報を提供していかなければならないのです。

一般的に、求職者が面接等に応募をするときには、高い確率で応募する会社のホームページを確認します。他の求人メディアを利用している場合にも、応募前には普通は会社ホームページを確認した上で、その会社に応募するかどうかを判断することでしょう。

ですから、**会社ホームページの求人情報と併せて、のれん分け制度の詳細な情報を掲載しておくのです。**こうすることで、会社の「働く場としての魅力」が求職者に伝わり、のれん分け制度に興味を抱いた独立向きの優秀な人材が、会社に集まってくることが期待できるのです。

第5章

いざ独立！本部のサポートはときに手厚く、ときに素っ気なく

のれん分けは社員が独立してからが本当のスタート

第4章では、将来の独立候補者を育てるための考え方や、独立向きの人材を集めるための方法をお伝えしました。独立の意思が固まっていない社員を社内で独立候補者として育て上げていくことや、独立向きの人材を外部から集めることができれば、時間の経過とともにのれん分けによる独立を希望する社員が増えてくることでしょう。

そこで、ここからは独立前後の本部サポートのあり方について確認していきたいと思います。

本部にとって「社員がのれん分けにより独立をすること」がゴールではありません。のれん分け制度を導入する本部の経営者が目指す姿は、のれん分けで独立した社員が一経営者として成功を遂げることにあるはずです。

社員を独立させることがゴールで、「後は知らない」といった姿勢では、社員の人生のあり方を左右するのれん分け制度を導入する本部経営者の姿勢としては失格です。会社がのれん分け制度を導入していなければ、独立者は「独立する選択」をしていなかったかもしれないのです。のれん分け制度を導入するということは、社員の人生を変える可能性があり、それだけ重たい責任があることを本部経営者は心に留めておく必要があります。

社員に対して人生においての重要な選択を提案する以上、本部はなんとしても独立者を成功に導いていく覚悟を持ち、社員が独立するまではもちろんのこと、独立後にも手厚いサポートを積極的に行うことが求められるのです。

私は、本部の経営者にこの覚悟がないのであれば、のれん分け制度を導入すべきではないと考えます。

独立者が一経営者として成功してくれれば、社員の幸せを実現することができるのはもちろんのこと、本部にも様々なメリットが生まれます。例えば、同じブランドを使用したのれん分け店舗が繁盛すればブランド全体の価値が高まるでしょうし、独立者からのれん分け店舗の売上や利益に応じてのれん代やロイヤリティ等の対価を得る決まりとなっていれば、それだけ本部の収入も増えることになります。

本部と独立者双方にメリットが生まれる状況になってはじめて、のれん分け制度が成功したといえるのではないでしょうか。

ですから、社員がのれん分けで独立したタイミングが、本当の意味での「のれん分けのスタート」となります。本部としては、独立者が一経営者として成功することができるよう、独立前だけではなく、独立後も積極的にサポートをしていく必要があるのです。

独立者の裁量に任せられることを整理し、ルール化して、文章化する

それでは、本部は独立者に対して、具体的にどのようなサポートをしていくべきなのか、1つずつ確認していきましょう。

まず、独立者に成功してもらうためには、本部は独立者が成功するために守るべきルールを定め、それらを文章化しておく必要があります。

一般的に、フランチャイズシステムでは本部から加盟者に対して本部が定めたルールが制約として課されることになります。このことに対して「本部が加盟者を束縛する」といったような認識を持たれている方も多いようですが、この解釈は、フランチャイズシステムの表面だけを切り取ったものといえるでしょう。

フランチャイズシステムとは、本部から加盟店に対して「成功するための仕組み」を提供するものです。成功するための仕組みという以上、誰が経営しても、一定程度の成功ができることが前提条件となります。

この際、店舗のつくり方や運営方法等をすべて加盟店にゆだねてしまっているとすれば、その店舗が成功するかどうかは加盟店次第ということになってしまいます。それでは、本部は成功するための仕組みを提供したとはいえません。

また、一部の加盟店がルールを破って好き勝手に店舗づくりや運営を行ってしまったとしたら、顧客から見れば同じブランドでも利用する店舗によって受けられるサービスにばらつきが生じることになります。これでは、チェーンとしての信用を得ることもできません。

顧客からチェーンとしての信用を得るためにも、本部は加盟店の行動を一定程度制約しなければならないのです。

このようにフランチャイズシステムは、仕組みの性質上、加盟店に対して一定のルールを制約として課さざるを得ないものなのです。

フランチャイズシステムの一種であるのれん分け制度も、当然に本部は独立者が成功するために守るべきルールを定めておく必要があります。本部経営者によっては、「これまで会社で働いている間にルールは十分に理解しているからそんなことしなくても大丈夫でしょ」などと考える方もいらっしゃいます。しかし、たとえ独立以前にはしっかりとルールを認識していたとしても、独立後、時間の経過とともにその認識は薄れていくものと考える方が自然ではないでしょうか。

ですから本部としては、短期的には手間がかかったとしても、中長期的なのれん分け制度の成功を見据え、

・独立者が成功を遂げるために守らなければならないこと
・独立者の裁量にゆだねられること

を整理し、ルール化して、それを文章に落とし込み、本部と独立者双方が常に確認できるようにしておく必要があるのです。

そしてこのことは、本部が展開する事業のビジネスモデルを熟知している本部の経営者にしかできないことです。

具体的なルールのつくり方は次章で説明しますが、本部の経営者としては、のれん分けで事業発展を実現するためには、自社のビジネスモデルを整理して、独立者に守ってもらうべきルールを整える必要があることを、認識していただく必要があるのです。

独立候補者が独立を考えるとき、「必要資金」が最大のハードル

次に、社員が独立をするときに必要となる資金について、本部としてどのようなサポートをするかを考えておく必要があります。というのも、社員がのれん分け制度で独立を考える際、「独立時に必要となる資金をどのように調達するか」ということは、避けては通れない問題となるからです。

どのような事業であれ、新たに店舗を立ち上げるためには数百万円から場合によっては数千万円規模の投資資金が必要となることでしょう。また、本部の直営店舗を独立候補者に譲渡する場合には、譲渡する直営店舗の平均利益の２〜３年分を営業権として独立候補者に支払ってもらうことが一般的です。譲渡する直営店舗の収益性にもよりますが、仮に毎月平均して１００万円の利益が出ている直営店舗を利益の３年分で譲渡する場合には、譲渡金額は３６００万円にのぼります。

独立時に必要となる資金が自己資金で足りない場合には金融機関から借り入れを行うことになりますが、その場合でも投資資金の１／２から最低でも１／３程度は独立候補者が自己資金として用意しておかなければなりません。そうでなければ、金融機関もお金を貸してくれないのです。

とはいえ、このようなまとまった資金を、独立候補者が独自に用意することは容易なことではありません。そのため、独立候補者がのれん分けによる独立を考える際、最大のハードルとなるのが「必要資金をどう調達するか」という問題となるのです。

したがって、本部としては独立候補者の資金調達について、サポートするのかしないのか、またサポートするとしたらどのような形で行うのか、予め十分に考えておく必要があります。

安易に本部からお金を貸し付けると、将来のトラブルの火種に…

そこで、独立時に必要となる資金の問題を解決するための方法として真っ先に思いつくのが、本部から独立候補者に対して不足資金を貸し付ける方法です。本部の裁量で行うことができますから、本部に資金的な余裕があるのであれば、独立候補者の資金調達問題を解決する有効な手段となるかもしれません。

しかし、安易に本部から独立候補者に対してお金を貸し付ける行為は、将来のトラブルの火種となる可能性もあります。本部としては、慎重に判断をする必要があるでしょう。

実際、本部が独立候補者に安易に資金を貸し付けたことにより、本部に大きな損害が生じたケースもあります。実際の事例を紹介します。

まつ毛エクステサロンを営むP社の経営者は、私とお会いする以前からすでにのれん分け制度を導入しており、すでに1名の独立者を輩出していました。ところが、その独立者との関係性で困ったことになっているということで、相談に訪れたのです。

詳しく話をお聞きすると、社員がのれん分けによる独立を希望したものの、その時には独立に必要となる自己資金をもっていなかったため、投資資金の全額、およそ1000万円をP社から独立者へ貸し付けて新規店舗を出店しました。ところが、P社から貸し付けた資金の返済が終わる前に、独立者から「のれん分け契約を終了して、店舗を閉店したい」との申し出を受けたというのです。

そこで、P社が独立者と締結していた契約書を確認したところ、契約書では、独立者からの中途解約の申し出があれば、契約期間の途中でも契約を解除できることになっていました。本部による多額の資金貸し付けを伴うのれん分け制度の契約書としては、あまりにお粗末です。

ご承知の通り、店舗を閉店するためには原状回復費用等でそれなりの資金が必要となります。そのため、中途解約を希望してきた時点で独立者が持っていた資金は、撤退費用としてすべて消えてしまう事態となりました。

本部としては、すぐにでも貸し付けた資金を返してほしいところですが、独立者が資金を持っていない以上どうすることもできません。また、長年会社に貢献してきた元社員ですから、無理に返済を求めにくい事情もあるでしょう。

結局、Ｐ社の事例では、独立者から数年かけて少しずつ返済をしてもらうということで、Ｐ社の経営者も妥協せざるを得ない状況でした。

この例では、貸し付けた資金を回収できる見込みがありますのでまだマシな方ですが、最悪の場合には、本部が貸し付けた資金が返済されない状況に陥ることも考えられます。

この例から学ぶべきことは、本部から独立者に対して資金の貸し付けを行う場合には、「貸し付けた資金がなくなっても仕方がない」と覚悟を決める必要があるということです。

もしもそれを避けたいのであれば、独立者が途中でのれん分けの事業から撤退する決断をしたときにも、本部が貸し付けた資金を何らかの形で回収できるようなシステムとしておくべきでしょう。

これを実現する方法としては、のれん分けによる独立時に連帯保証人をつけてもらう方法が考えられます。一見厳しいようにも感じられますが、ビジネスの世界では当然のことです。

このように、本部から独立者に対して資金を貸し付ける行為は、本部にも大きなリスクを生むことになります。この点を踏まえ、独立者に資金の貸し付けを行う際には、貸し付ける際の条件も含めて、慎重に検討した上で判断をするべきなのです。

のれん分けにおいては覚悟を求めろ！
少額でもお金を出させろ！

ただし、のれん分けで独立を考える際「独立時に必要となる資金をどのように用意するか」が最大のハードルになるとはいえ、資金の問題すべてを本部のサポートによって解決してあげることは、私としてはおすすめできません。

その理由は、経営をしていく上でのお金の悩みは、経営者に一生ついて回る、避けては通れない問題であるからです。

独立候補者が資金不足で困っているからといって、それを本部がすべて解決してしまったとしたら、その分、独立候補者は経営者としての経験を積む機会を失うことになります。

経験なくして経営者として成長していくことなどありえません。本部が独立候補者に対して必要資金全額を貸し付けるなどの過度なサポートを行うということは、見方を変えれば、その分だけ独立候補者が経営者としての経験を積む機会を奪うことにもなるのです。

また、独立候補者には、経営者としての覚悟が求められることは、第3章でお伝えした通りです。しかし、経営者としての経験がない社員に、経営者としての覚悟を求めるのは無理があることもまた事実でしょう。

この点について、実は独立候補者に「経営者としての覚悟」を持たせるよいきっかけがあります。それは、少額でも構わないので、一定程度の資金を事業に投資させること、または金融機関から借り入れをさせることです。

経営者としての覚悟が決まるタイミングは、ほとんどの場合、お金についての決断をする瞬間、すなわち事業に投資をする、または金融機関から借り入れをするタイミングになるのです。

事実、私がこれまで多くの独立者と接してきた中でも、会社に雇われている時代には経営者としての覚悟が全く感じられなかった社員が、一定金額の投資を行ったり、金融機関からの借り入れを行ったりしたタイミングで、別人のように生まれ変わったことが何度もあります。

独立者がこれまで感じたことのない不安やストレスを乗り越える中で、経営者としての覚悟が備わったのだと考えます。

このように、独立候補者が独立する際に一定程度の資金を投資してもらうこと、または金融機関からの借り入れをさせることは、独立候補者が経営者としての経験を積む、または経営者として覚悟を決める上で、極めて重要な機会となるのです。

ですから本部としては、のれん分けによる独立時の最大のハードルが独立者の資金調達の問題であるからといって、それを本部がすべて解決してあげるようなサポートは行うべきではないのです。

基本的には、本部が取引している金融機関を紹介したり、事業計画書の作成をサポートしたりするなど、間接的なサポートに留めておいた方がよいでしょう。

独立候補者の希望に合わせて、複数の「出店スタイル」を用意

続いて、のれん分け制度の仕組みを考える際には、独立する社員に対してどのような出店スタイルでのれん分けを認めるのかも、予め決めておく必要があります。

独立する社員によって、一から新しい店舗を立ち上げたいと考える者もいれば、本部の直営店舗を買い取りたいと考える者もいるなど、希望する出店スタイルは社員によっても異なるでしょう。

そのため、本部が主として考える出店スタイルは用意しつつも、各独立候補者の希望に柔軟に対応できるよう、幅広い選択肢を用意しておくことがおすすめです。

のれん分けにおける出店スタイルには、大きく分けて次の３パターンがあります。すべての選択肢にメリット、デメリットがあり、利用が想定される独立候補者の特徴も変わります。そのため、安定的にのれん分け制度の利用者を輩出していきたいと考えるのであれば、３パターンすべてを導入しておくとよいでしょう。

❶ 独立候補者自身による新規店舗立ち上げ

１つ目の方法は、独立候補者が新たに新規店舗を立ち上げ、そこで本部が展開する事業を経営する方式です。一般的なフランチャイズと同様の出店スタイルといえます。

独立候補者自身による新規店舗立ち上げの場合、のれん分けをすることでグループ内の店舗数が増えることになります。のれん分け制度を活用して多店舗展開を目指す本部から見れば、最も魅力のある出店スタイルともいえるのではないでしょうか。

しかし、新規店舗を立ち上げることには大きなリスクが伴います。基本的に、のれん分け制度の利用者は、自分自身でリスクを取る決断ができないため、独自開業よりもリスクの低いのれん分け制度を利用するのです。新規店舗立ち上げの出店スタイルでも、のれん分けの場合には本部が有する実績のあるブランドやノウハウを利用できたり、開業前後でサポートが受けられたりなど、独自開業と比べればリスクを抑制することはできます。

ただし、実績のある既存店舗を引き継ぐことと比べれば、新規店舗の立ち上げはどうしてもリスクが高くなってしまいます。そのため、独立候補者の視点で考えれば、新規店舗の立ち上げ方式は、３つの出店スタイルの中でも最も決断しにくい選択肢ともいえるのです。

ですから、独立時点で独立候補者自身による新規店舗立ち上げを求める場合には、のれん分け制度の利用希望者がなかなか現れないことを前提に、社員に対して時間をかけて独立に対する教育と動機付けを行っていくことが、他の出店スタイルを採用する場合と比べてより重要になります。

弊社がこれまでのれん分け制度導入をお手伝いさせていただいた中でも、独立候補者自身による新規店舗立ち上げ方式は、独立候補者がはじめて独立するタイミングで利用されるというよりは、独立候補者が直営店舗を引き継ぐ形で独立し、経営が軌道に乗った後、２店舗目、３店舗目と多店舗展開を進めていく際に利用されるケースが多い傾向にあります。

独立者の視点で考えると、１店舗の基盤が整えば、その後はリスクを取ってでもやりがいのある新規店舗の立ち上げに挑戦したいと考えることもあるでしょう。また先にお伝えした通り、のれん分け制度を活用して多店舗展開を目指す本部からすれば、独立候補者に新規店舗を立ち上げてもらうことには大きなメリットがありますから、２店舗目以降は独立者に対して積極的に新規店舗立ち上げ方式を提案していくべきでしょう。

このように、同じ独立候補者であったとしても、タイミングによって最適な出店スタイルが変わります。これに対応するためにも、様々な出店スタイルを用意しておくことが本部に求められるのです。

❷ 本部直営店舗の独立候補者への売却

2つ目の方法は、本部の直営店舗を独立候補者に売却する方式です。本部が保有する店舗資産、ならびにこれまで培ってきた事業基盤を独立候補者に譲渡する一方、その見返りとして、本部は独立候補者から譲渡対価を支払ってもらう仕組みです。のれん分けと聞いて最もイメージしやすいのがこのパターンといえるでしょう。

譲渡対価の考え方は様々ありますが、のれん分けの場合、一般的には譲渡する直営店舗の直近1年程度の利益を基準として、その約2~3年分を設定している本部が多いようです。

独立候補者からすると、すでに一定の実績をあげている直営店舗を引き継ぐことができるわけですから、独立後の収入がある程度保証されているようなものです。そのため、新規店舗立ち上げ方式と比べて、独立後の収入に対する不安は限りなく小さくなります。

一方、本部の視点で考えると、実績のある直営店舗を失うデメリットはあるものの、譲渡対価としてまとまった資金を手にすることができますから、その資金をさらなる店舗展開の原資とすることができるなど、得られるメリットも大きいでしょう。

しかし、ここで問題となるのが、「独立候補者が本部に支払う譲渡対価をどのように用意するか」という問題です。

もちろん、利益が少ない店舗であれば譲渡対価もその分低くなるわけですが、基本的に、独立候補者が引き継ぎたいと考える店舗は繁盛している店舗です。

先の例でも紹介しましたが、毎月平均して１００万円の利益が出ている店舗を利益の３年分で譲渡する場合、譲渡対価は３６００万円にものぼります。独立候補者は、最低でもこの１／２から１／３は自己資金で用意しなければならないのです。これだけの資金を自力で用意できるような社員はそういないでしょう。

このように、本部の直営店舗を独立候補者へ売却する方式では、他の出店スタイルと比べても、独立候補者が用意しなければならない資金が大きくなる傾向にあります。そのため、本部と独立候補者にとって魅力的な選択肢であるにもかかわらず、資金的な問題からなかなか実現することが難しい方式となっています。

私の経験の中でも、本部の直営店舗を独立候補者へ売却する方式は、のれん分け制度を導入する企業のほとんどで取り入れられている一方、独立者がこの出店スタイルで独立をする割合はそれほど多くありません。

実務的には、まずは次に紹介する委託方式で独立してもらい、本部から直営店舗を買い取るための資金を貯めた段階で改めて店舗を買い取ってもらう、といったように、段階を経て売却までもっていくことが多いようです。

いずれにせよ、本部の直営店舗を独立候補者へ売却する方式でのれん分けを進めていきたいと考えるのであれば、独立候補者にどのように資金を用意してもらうのか、予めその方法を決めておく必要があるでしょう。

❸ 本部直営店舗の経営や運営を独立候補者に委託

3つ目の方法は、本部直営店舗の経営や運営を独立候補者に委託する方式です。本部直営店舗の資産や事業基盤を独立候補者に貸し出して店舗の経営や運営をしてもらう一方、本部は店舗資産や事業基盤を貸し出す見返りとして独立候補者から利用料を支払ってもらう仕組みです。

委託方式では、資金の代わりに本部が有する店舗資産や事業基盤を独立候補者に貸し出して、独立候補者の初期投資を抑制するわけですから、実質的には本部から独立候補者への資金サポートと捉えることもできます。

独立候補者から見た委託方式のメリットは、本部直営店舗の事業基盤を引き継ぐことができる上に、独立候補者が独立する際に投資しなければならない資金が少額で済むことです。本部に支払う資金を除けば、多くの場合、運転資金程度があれば独立することができるでしょう。

ただし、本部から店舗資産や事業基盤を借りる分、独立者はその対価を本部に支払う必要があります。そのため、他の出店スタイルと比較すると、本部に継続的に支払う費用は高くなることになります。

本部直営店舗の経営や運営を独立候補者に委託する方式は、ローリスク・ローリターンモデルともいえるでしょう。


本部から見ると直接的なメリットが少ないようにも感じますが、委託とはいえ社員は独立した経営者となるわけですから、独立によって仕事に対する意識や姿勢が変わり、店舗運営品質のアップが期待できること、そのことによりのれん分けした店舗の業績が向上すれば、のれん代やロイヤリティなどの収入も増えるメリットがあります。

また、独立者のリスクが最小となるため、他の出店スタイルよりも独立者を輩出しやすい点は委託方式の最大のメリットといえるでしょう。実際、弊社がこれまでのれん分け制度の導入をお手伝いさせていただいた中では、委託方式による独立の割合が圧倒的大多数です。

独立者の自己資金で
新規店舗を立ち上げ、
複数店舗オーナーへ

資金が
貯まった段階で
直営店舗を譲渡

直営店舗の
委託方式で独立

会社勤務

新規店舗立ち上げ方式や直営店舗譲渡方式と比べると本部のメリットは少ないですが、独立者を輩出しやすい利点があるため、のれん分け制度で安定的に独立者を輩出していこうと考えたときには外せない選択肢となるのです。

のれん分け制度で安定的に独立者を輩出することに成功している企業では、独立候補者に委託方式で経営者としての一歩を踏み出してもらい、ある程度の資金が貯まった段階で当該店舗を買い取ってもらったり、新規店舗立ち上げ方式により2号店を出店してもらったりなど、段階的に発展させていく流れとしていることが多いです。委託方式を、独立候補者が経営者として成長していくための第1ステップとして位置付けているのです。

このように、資金的な制約や事業リスクの観点から、すぐに本部と独立候補者の望む形が実現しない場合にも、複数の出店スタイルを組み合わせることで、本部と独立者が目指す姿に段階的に発展させていくことができるのです。

「独立候補者のために」と、店舗を安く売却しすぎることはNG

先ほど、出店スタイルの一形態として、「本部の直営店舗を独立候補者へ売却する」方式をご紹介する際、譲渡対価が高額になることが本方式のボトルネックになることをお伝えしました。

この点、読者の中には「独立候補者が買い取れる程度の金額で売却してあげればよいのではないか?」と疑問を感じられた方がいらっしゃるかもしれません。

実際、のれん分け制度のことで相談に訪れる経営者の中には、タダ同然の金額で、社員に直営店舗を譲渡している方もいらっしゃいます。

しかし、この点については注意が必要です。

まず、譲渡する直営店舗の実際の価値と比べて、譲渡対価を不当に安い金額に設定することは、本部と独立者双方が不要な税務リスクを抱えることにつながります。

詳細は税務の専門家の範疇ですが、純然たる第三者間での譲渡とはなりにくいのれん分けでは、特段の理由なく一般的な事業譲渡金額の算定方法で算出した金額よりも著しく安い金額で独立候補者に直営店舗を売却してしまうと、本部、独立者双方が高い税金を支払わなければならない事態に陥る可能性があるのです。

また、独立候補者の手持ち資金に合わせて譲渡金額を調整するような仕組みでは、手持ち資金が少なければ少ないほど、実際の店舗価値よりも安い金額で店舗を引き継げることになってしまいますから、独立候補者間の公平性を保つことができません。これでは、まじめにお金を貯めようと考えていた独立候補者であればあるほど、モチベーションを低下させることにもつながりかねません。

ですから、譲渡対価が高額になることが直営店舗譲渡方式のボトルネックになるからといって、店舗売却額を安くしすぎることは絶対に避けるべきです。本部と独立者がお互いの言い値で譲渡対価を決めるのではなく、一般的なルールの範囲内で、独立候補者間の公平性を保てる店舗売却額算定の仕組みを整えておくべきでしょう。

独立後に必要なお金の目安も、シビアな部分まで隠さず伝える

ここまでは、主に独立時に必要なお金の話を中心にお伝えしてきましたが、いうまでもなく、お金の問題は独立後もつきまとうことになります。独立候補者はこれまで会社に雇われる安定的な立場であったわけですから、日々の資金繰りなど考えたこともない人の方が多いでしょう。ですから本部としては、独立前の段階から、独立後のお金の流れについても独立候補者にしっかりと伝えておく必要があります。

直営店舗を売却する、または経営や運営を委託する場合には、すでに直営店舗としての実績があるわけですから、その実績をベースに、独立後の当面の収支をある程度想定することができます。新規店舗の場合は実績こそありませんが、この場合でも既

存の直営店舗の実績は一つの目安にはなるはずです。

ただし、本部が独立候補者からロイヤリティを支払ってもらう場合には、のれん分けする店舗の収支は、本部が受け取るロイヤリティの分だけ、直営時代よりも悪化することになります。加えて、独立候補者が金融機関から借り入れを行う場合には、借入金の返済や金利の支払いも生じることになります。

これらの結果、直営店舗の時代には現状の売上で十分にやっていけたものが、のれん分けした後には、もっと売上を高めていかなければならなくなるということもあるのです。

そのため、独立前の段階で、のれん分けによる独立後、ロイヤリティや金利支払い等の新たに生じる経費や借入金返済を見込んで、独立候補者の収支や資金繰りのシミュレーションをしておくことが大切です。

その上で、借入金を無理なく返済するためにはどの程度の売上が必要か、または独立候補者が目指す収入を得るためにはどの程度まで売上を伸ばす必要があるのか等といったことについて、本部と独立候補者間ですり合わせを行い、のれん分けした後の目標として設定しておくとよいでしょう。

仮に、独立後、売上が現状維持のままだと独立候補者の収入が減少するような厳しい条件であったとしても、そのことを包み隠さず独立候補者に伝え、「絶対に売上を上げる！」という覚悟をもって独立をしてもらうべきです。

なお、本部から独立候補者に対してのれん分けした後の収支シミュレーションや目標などの収支に関する具体的な情報を示すこと、つまり独立後には自身の努力と工夫次第で、雇われているときには手にできない収入を得られる可能性があることを具体的な数値で見せることは、独立候補者が独立に向けて動き出す一つのきっかけとなることが多いようです。

独立候補者を本気にさせるためには、のれん分け制度の具体的な内容を開示することが大切であることはすでにお伝えした通りですが、中でも特に独立候補者の心に火をつける情報が、このような独立後の収支に関する情報となるのです。

資金調達、経理、開業手続き…。未経験の業務は手厚くサポート

独立候補者は、本部が展開する事業については相応の経験があることでしょう。事業を運営することだけを考えれば、本部がそれほどサポートをしなくとも、問題なく運営していくことができるかもしれません。

しかし、事業を「運営すること」と「経営すること」は全く別次元の話です。

この違いを配慮せず、本部が「一経営者として独立するのだから、後はすべて自分で頑張って」といった姿勢では、独立候補者から見てのれん分け制度を利用するメリットがないと捉えられても不思議ではありません。

どんなに優秀な人材であったとしても、独立するときははじめてのことだらけです。そのため、はじめて独立するときには、手続き等のことで頭を悩ませる独立者が多いのです。だからこそ、本部としては独立候補者が未経験の業務については手厚くサポ

ートを行い、存在感を発揮していくことが大切です。具体的な支援対象としては、開業手続きや資金調達、経理業務、雇用手続きなどがあげられます。

例えば、整体院を営むE社では、のれん分け店舗で生じる経理業務や給与計算業務を本部が代行するシステムにしています。これは、独立候補者がのれん分け制度により独立した後、事務手続きに忙殺されず、店舗経営や運営業務に集中できるようにとの配慮があります。

本部経営者が創業したときに、事務手続きを自分で行うことが本当に苦しかったようで、その時の経験から、のれん分けによる独立者にはそのような思いをしてほしくないと考え、本部に負担がかかることは承知の上で、このようなシステムにすることを決断したとのことでした。

このように、本部経営者の経験を基に、独立者にとってどのような支援をしてあげればのれん分け制度を利用する価値が生まれるのか、といった観点で検討してみるのもよいかもしれません。

独立後、誰もが苦労する未経験業務を本部が手厚くサポートしてくれるのであれば、自力で独立しようと考えていた社員にとっても、のれん分けによる独立という選択肢が魅力的に映るのではないでしょうか。

独立候補者が未経験の業務を手厚くサポートしてあげることは、独立候補者の成功確率を高めることはもちろんのこと、のれん分け制度の魅力を高めることにもつながっていくのです。

スタッフの引継ぎ交渉や新規採用は、独立候補者自身にやらせること

最後に、のれん分けによる独立の際に必ず発生するスタッフの引継ぎや新規採用について説明します。

本部の直営店舗を独立候補者に譲渡する場合や、経営や運営の委託をする場合、そ

の店舗で働いていたスタッフは、原則として雇用ごと独立候補者に引き継ぐべきです。そうしなければ、独立後に直営店舗の時のような運営をすることができないからです。

店舗を独立候補者に譲渡するにしろ、経営や運営の委託をするにしろ、雇用を引き継ぐためにはスタッフの個別の同意が必要です。そのため、のれん分けで独立することが決まったら、独立者は各スタッフとの引継ぎ交渉に入らなければなりません。

とはいえ、直営店舗で働くスタッフは、本部を選んで働いているわけですから、通常、独立候補者の下に移籍することに同意しません。

ここで注意が必要です。

独立候補者が未経験の業務を手厚くサポートしていくことが大切であることをお伝えしましたが、のれん分けする店舗に勤務するスタッフを独立候補者へ引き継ぐ場合の当該スタッフとの交渉は、絶対に独立候補者自身にやらせるべきです。

引継ぎ交渉されるスタッフの立場になれば、本部に比べて事業規模も小さく、先行きも不透明な独立候補者の下で働く理由はありません。これを本部が独立候補者の下へ移籍するよう説得するような行為は、本部を選んで働いてくれているスタッフに対してあまりにも失礼な態度ではないでしょうか。

のれん分けする店舗で働くスタッフが独立候補者の下に移籍するかどうかは、極論、スタッフが独立候補者に人生を預けようと思えるかどうかにかかっています。これを無理に本部が説得したところで、長く働いてくれることなど期待できないでしょう。

ですから、独立候補者は店舗で働くスタッフが自らを信じてついてきてくれるよう、会社で働く時から信頼関係を築いてこなければならないですし、いざ独立するときには、自らの想いやビジョンを語って、スタッフの心を動かさなければならないのです。

これは、新しいスタッフを新規に採用する場合も同様です。のれん分けで独立したばかりの段階では小規模事業者ですから、普通に考えればそのような小規模事業者の下で働きたいと思う人などいるはずがありません。

事業の継続・発展を目指す以上、この壁は自らの力で乗り越えていくほかありません。そのためには、自らの想いやビジョンを情報発信し、人の心を動かすことが不可欠です。

創業経営者は誰しも、この壁を乗り越えてきているのではないでしょうか。

また、「金」と「人」の問題は、経営からは切っても切り離せない問題です。ましてや、少子高齢化に歯止めがかからない現代では、この先、人手不足問題が深刻化していくことは間違いありません。今は回避することができたとしても、近い将来、向き合わなければならないときが必ずやってきます。

だからこそ、初期資金の調達と同様、スタッフとの引継ぎ交渉や新規採用は、独立候補者自身にやらせなければならないのです。

それでも、どうしても人を確保することができず、本部から出向などの形で人を送り込まなければ独立できないような状態になってしまうことがあるかもしれません。そのような場合にも、少なくとも本部がサポートする期間を定め、その期間内に独立候補者自身で問題解決することを求めるべきでしょう。

そうすることによってはじめて、独立候補者もスタッフの確保に必死になって取り組むようになるのです。

第6章

全体マニュアル、契約書、ロイヤリティなどの決め方・考え方

のれん分け制度に必要な3つの要素

第5章では、独立前後の本部サポートのあり方をお伝えしました。本章からは、いよいよ「のれん分け制度のつくり方」について触れていきます。

これまでものれん分け制度をつくる際の考え方やポイントを一部お伝えしてきていますが、ここで改めて「のれん分け制度づくりの全体像」を整理しておきたいと思います。のれん分け制度を導入するにあたっては、最低限、本部は次の3つを予め準備しておく必要があります。

❶―ルールの整理と具現化

独立者が成功するために、独立者が守るべきルールを整理するとともに、それをマニュアルに落とし込んで具現化します。また、独立者に対して本部が展開する事業のブランド名やロゴ等の商標の使用を認める場合、ブランド名やロゴ等の商標権を取得しておく必要があります。

❷ 本部のサポート内容と受け取る対価の決定

独立者に対する本部サポートの内容及びその対価となる「加盟金」や「ロイヤリティ」等を決定します。本部、独立者双方の「利益」にかかわる重要なポイントです。お互いが必要な利益を確保できるよう、綿密にシミュレーションをした上で決定しなければなりません。

❸ 本部と独立者双方の権利と義務の整理と文章化

本部と独立者それぞれの権利と義務を整理し、その内容を契約書に落とし込みます。社員との信頼関係を大切にしつつも、そのことを過信することなく、万が一の事態に備え、お互いの権利と義務を契約書等の形で明文化・共有化しておく必要があるのです。

ここからは、それぞれのポイントについてより詳しく確認していきたいと思います。

店舗ごとに好き勝手に動いたら、のれん分けは成り立たない！

独立した社員に成功してもらうために本部ができるサポートの1つに、「自社のビジネスモデルを整理して、独立者に守ってもらうべきルールを定めておくこと」があるのは、第5章でご説明した通りです。

改めての確認となりますが、のれん分けでは、店舗のつくり方や運営方法などについて明確なルールを定めておくことが不可欠です。その理由として、次の2つがあげられます。

❶―成功の再現性を担保するため

のれん分けでルールが必要な1つ目の理由は、のれん分け制度を利用して独立した社員の成功の再現性を高めるためです。成功の再現性とは、「一定のルールに従って店舗づくりや運営をした結果、高い確率で成功すること」をいいます。

そもそも、のれん分け制度には長年会社に貢献してくれた社員への恩返しとして独立を支援するという基本思想があります。それにもかかわらず、のれん分け制度を利用して独立した社員が幸せになれないようでは、何のための仕組みかわからなくなってしまいます。

社員にのれん分けによる独立を提案する以上、本部はのれん分け制度を利用して独立した社員を、高い確率で成功させなければならないのです。

「独立者の思うようなお店をつくらせてあげる」という考えは、一見すると独立者想いの考えであるようにも感じます。しかし、ここで改めて考えてほしいことは、「そのような考えで独立者を高い確率で成功させることができるのか」という点です。

独立者が好きなようにお店をつくれるのであれば、それは独自に開業をしていることと同義です。そうなると、独立後、順調に売上を上げることができるかどうかは、すべてが独立者次第となってしまいます。これでは、独立者の視点から考えれば、のれん分けという選択肢を取る理由がありません。

のれん分け制度を導入する本部は、独立者を成功に導く責任があります。このためには、独立者が一定程度の成功を遂げるために、絶対に守らなければならないこと、独立者の裁量にゆだねてもいいもの、それぞれを明確に切り分け、ルールに落とし込んでいく必要があるのです。

そして、ここで注意していただきたいポイントは、ここでいうルールとは、「独立者を制約することが目的ではなく、あくまで独立者を成功させるために課すもの」であるという点です。

ここ最近では、厳しいルールで加盟店の自主的な取り組みを制約するフランチャイズ本部の姿勢が、世間から厳しい批判にさらされています。しかし、加盟店を高い確率で成功させなければならないフランチャイズビジネスの特性を考えれば、本部は加盟店の成功のために、心を鬼にして制約を課さなければならないときもあるのです。

例えば、コンビニのフランチャイズ本部が加盟店に24時間営業を実施することを求め、加盟店からの時短営業交渉に応じない姿勢が社会的な問題に発展しました。確かに、コンビニ本部の姿勢には問題があったことも事実でしょう。

しかし一方で、全店24時間営業はコンビニのビジネスモデルの核ともいえる内容です。これを廃止することでチェーン全体にどのような影響が生じるのか、コンビニ本部にも予想がつかないわけです。ですから、多くの加盟店オーナーや店舗で働くスタッフの人生を預かるコンビニ本部としては、そう簡単には全店24時間営業というルールを廃止することができないのも仕方のないことなのかもしれません。

大切なことは、独立者に課す各種ルールにはどのような意図があるのかを、本部が独立者にしっかりと説明できるかどうかです。そのルールが独立者に成功してもらうためのものであれば、それは本部としてはたとえ独立者が反発しようとも、独立者の成功のために制約を課さなければなりません。本部が時間をかけて十分な説明をした結果、独立者がどうしても嫌だというなら、そのルールを変えるよりは、その独立者にはのれん分け制度を利用させないことの方が、独立者の成功に責任を負う本部としては正しい姿勢といえるのではないでしょうか。

本部に厳しいルールを課されたとしても、それが自らの成功のためであることを独立者自身が納得できれば、捉え方も変わってくるはずです。のれん分け制度を導入する本部の経営者は、このことを十分に認識しておかなければならないでしょう。

❷―ブランド価値を守るため

のれん分けでルールが必要な2つ目の理由は、本部が展開するブランドの価値やイメージを守るためです。

のれん分けという言葉の通り、独立者には本部がこれまで育ててきた大切なブランドを貸し出すことが一般的です。最近ではブランドを貸し出さないのれん分けスタイルも見られるようになりましたが、一般的に、事業を成功させる上でブランドの役割は非常に大きいため、成功の再現性を高めるためにも、本部のブランドを貸し出すことを原則とするべきです。

また、本部としてはブランドを貸し出すことで、同ブランドの店舗数が増え、顧客からの信用獲得や認知度アップといったメリットを享受することもできます。

ただし、ブランドを貸し出すということは、顧客から見れば、直営店舗とのれん分け店舗の区別をすることができなくなることを意味します。そのため、仮にのれん分け店舗で提供しているサービスの内容や品質が直営店舗のサービスとは異なったり劣ったりする場合、顧客の視点で考えれば、安心して当該ブランドのお店を利用することができなくなってしまいます。万が一、顧客が不満を感じるようなことがあれば、ブランド全体のイメージ悪化につながる可能性もあるのです。

このように、店舗によってサービスの内容や品質が異なるようでは、本部が持つブランドの価値やイメージを保つことができません。ブランドの価値やイメージが低下すれば、直営店舗、のれん分け店舗にかかわらず、マイナスの影響を受けることになります。

このような状態に陥ることを避けるためにも、本部はのれん分けで独立する社員が守るべきルールを明示しなければならないのです。

以上を踏まえ、ここからはのれん分け制度を導入する際に必要となるルールのつくり方について説明していきたいと思います。

ブランド名やロゴの「商標権」は、のれん分け導入前に取得しておく

まず、のれん分けの際、独立者に対して本部が展開する事業のブランド名やロゴ等の商標の使用を認める場合、その前提として、それらを商標権として取得しておく必要があります。

商標とは、本部が展開する事業のブランド名やロゴなど、商品やサービスを他社のものと区別するための目印のことです。そして、その商標を本部が独占的に利用できる権利のことを商標権といいます。

商標権は、ブランド名やロゴの使用に際して自動的に生じるものではなく、商標権

を取得したいブランド名やロゴを特許庁に商標申請し、商標登録が認められることによってはじめて生まれる権利です。つまり、商標権を取るための手続きをしない限り、商標権は生まれず、したがって商標を独占的に利用することはできないことになります。

展開する事業のブランド名やロゴについての商標権を取得することは、のれん分け制度の導入有無にかかわらず、多店舗展開を目指す企業にとって重要なポイントとなりますが、のれん分けで独立する社員に対して、本部が使用するブランド名称やロゴを貸し出す場合には、予め商標権を取得しておくことが不可欠です。

例えば、独立者にとって、本部が使用しているブランド名称を使えることがのれん分けを利用する決め手となったケースを考えてみます。

仮に、本部が当該ブランド名称の商標権を取得しておらず、第三者に先に商標権を取得されてしまった場合、本部はもちろん、独立者までも当該ブランド名称を利用できなくなる可能性があります。独立者から見れば、本部のブランド名称を使えることが決め手となってのれん分けによる独立を選択したにもかかわらず、そのブランド名称を使うことができなくなってしまうのです。これでは、本部に対して不平不満が生じることは避けようがありません。

また、このような事態となった場合、本部はこれまで使用してきたブランド名称を変更しなければならなくなる可能性もあります。ブランド名称の変更によって、培ってきた信用を一瞬にして失うことさえあるのです。

このような事態を避けるためには、のれん分け制度の導入前に、独立者に使用させるブランド名称やロゴ等の商標について、商標権を取得しておくほかありません。独立者に対して本部が展開する事業のブランド名称やロゴ等の商標を一定のルールの下で適切に使用してもらうためには、その商標権を取得しておくことが前提条件となるのです。

「全体マニュアル」の作成は、店舗にも本部にも大きなメリット

のれん分けでは、本部がこれまで構築してきた事業成功のためのノウハウを、独立者に対して提供します。しかし、通常ノウハウには形がありません。このノウハウを形にしたものが「マニュアル」です。店舗の経営や運営をする上で守るべきルールブックともいえるでしょう。

マニュアルをつくることは簡単なことではありませんし、手間もかかります。私の経験則で申し上げても、店舗ビジネスを営む企業の多くにとって、マニュアル作成は大きな試練となります。

しかしながら、のれん分け制度の導入有無にかかわらず、店舗ビジネスを営む企業が発展していくためには、質の高いマニュアルを整備することが不可欠です。その理由としては次の3点があげられます。

❶―「店舗ごとの商品・サービスの質」が均等になる

経営者の中には、「マニュアルなどあっても意味がない！」と考えている方もいらっしゃるかもしれません。そのような考えの背景には、マニュアル作成には手間がかかることに加え、マニュアルで伝えられる内容に限界があるからではないかと思います。

確かに、マニュアルの効果には限界があります。例えば、「感じの良い接客」というテーマをマニュアルだけでスタッフに再現させることは難しいでしょう。しかし、これはマニュアルの効果に限界があるだけで、マニュアルが不要ということにはなりません。

感じの良い接客を全スタッフに再現させるための手順のすべてをマニュアルに落とし込むことが困難であったとしても、顧客に「感じが良い」と感じてもらうための重要なポイントについては、例えば、お辞儀の角度は45度、背筋は伸ばした姿勢で、口角を上げる等のように、具体的にマニュアルに落とし込むことができるはずです。これだけでは１００点満点にはなりませんが、それでも70点くらいまではいけるでしょう。

逆に、マニュアルが全くなかったとしたら、どうやって「感じの良い接客」の仕方を教えるのでしょうか。「感じの良い接客」の捉え方はスタッフによってもまちまちでしょうから、接客のあり方もスタッフによってばらつきが生じることになるでしょう。当然、店舗単位ではより一層大きなばらつきが生じることは明らかです。

このように、マニュアルがなければ、店舗ごとの商品・サービスの質に大きなばらつきが生じることになります。これでは、顧客の信頼を得ることなどできません。

店舗ごとの商品・サービスの質を均等化し、顧客の信頼を勝ち取るためには、質の高いマニュアルの存在が不可欠といえるのです。

❷—「人材育成速度」が飛躍的にアップする

具体的な業務の進め方やポイントをマニュアルとしてまとめてスタッフに示すことができれば、人材育成に必要となる速度を飛躍的にアップさせることができます。

実際の事例をご紹介します。過去に、弊社がのれん分け制度の導入をお手伝いさせていただいたラーメン店を営むR社の事例です。

R社では、「調理する姿は、顧客への演出である」という方針を掲げ、スタッフが調理する姿にこだわったオペレーションを行っていました。

例えば、通常のラーメン店では、麺を1人前ごとに「てぼ（ざる）」に入れて鍋でゆで上げるところ、R社ではそのような調理方法では素人感丸出しで顧客に見せられないと考え、複数人分の麺をまとめて大きな湯煎鍋に投げ入れて麺をゆで上げ、それを1人分ごとに一瞬のうちにざるで掬い取るという、非常に難易度の高いオペレーションを採用していたのです。

当然、オペレーションの難易度が高い分、技術習得までに時間を要します。オーナーの話では、一人前になるまでに、どんなに早くても6ヵ月間は修業が必要だというのです。

しかし、どのような職人技にも、コツやポイントがあります。そのコツやポイントがどのようなものなのかを具体的に確認していくと、麺を鍋に入れる際の入れ方、麺をざるで掬う際の手の角度やざるを差し込む位置など、具体的に示せるポイントが多々あることがわかりました。

そこで、これまでは「先輩の姿を見て覚えろ！」という形式であった指導のあり方を見直し、各作業のコツやポイントをマニュアルとしてまとめて、以降は、実地指導に入る前にスタッフにマニュアルを熟読させてコツやポイントを理解してもらった上で、実技指導を行う流れで人材育成を進めていくようにしました。

するとどうでしょう。今までは一人前になるまでに最短で6ヵ月かかっていたものが、人材教育のあり方を見直してからは、なんと2ヵ月もあれば十分に技術習得ができるようになったのです。

これだけ技術習得期間が短くなれば、その分、人材教育に必要な手間とコストが減りますし、新たに採用した人材を早期に戦力化することができます。結果、企業の競争力が高まることは言うまでもありません。

これはほんの一例にすぎません。他にもマニュアルの作成によって同様の成果が生まれた事例はたくさんあるのです。

このように、業務の具体的な進め方や重要なポイントをまとめたマニュアルを作成し、それを基に人材教育を進めていくことができれば、人材育成の速度は飛躍的にアップするのです。

❸—理想的な業務の進め方が明らかになる

マニュアルは、それをつくる過程においても会社にメリットを生み出します。

マニュアル作成の進め方は後ほど詳しく紹介しますが、マニュアルをつくる際には、はじめにマニュアル化の対象を特定し、続いて各業務の理想的なあり方を検討していくことになります。基本的に、マニュアルがない会社では、理想的な業務のあり方が不明瞭になっているケースが多いのですが、マニュアルを作成する流れの中で、各業務の理想的な進め方が明らかにされていくことになります。

これも実際の事例をご紹介します。過去に、マニュアル整備をお手伝いさせていただいた鍼灸整骨院を営むU社の事例です。

U社が経営する鍼灸整骨院では、「施術前後の身体の違いを顧客に明示すること」

を事業成功の最重要ポイントとして捉え、事業を展開していました。ところが、私が「施術前後の身体の違いをどのようなタイミングで、どのように示しているのか」を尋ねたところ、スタッフによって返ってくる内容が異なるのです。

このような状況は、マニュアルがない会社によく見られるパターンです。ルールが決まっているように見えて、実は全く決まっていないのです。

実際、私が現場を視察に行くと、対応するスタッフや時間帯によって、説明漏れが生じていることを確認することができました。

U社ではこの状況を重く受け止め、マニュアル整備に着手することにしました。マニュアル化をするためには、「施術前後の身体の違いをどのようなタイミングで、どのように示すのか」を明らかにする必要がありますから、人によって異なる内容を確認して整理し、その中でU社にとっての理想的なタイミングと示し方を定義することとなりました。

このように、マニュアルをつくる過程において、曖昧であった業務の進め方が自然と見直され、自社にとっての理想的な業務の進め方が明らかになるのです。決定した内容を全店で統一していけば、グループ全体の底上げにもつながっていくことになります。

マニュアルは「本部がサービスを提供した証拠」にもなる

以上の理由に加え、のれん分けにおけるマニュアルは、「独立者に対して本部がノウハウを提供した証拠」としての役割も果たします。

のれん分けでは、本部から独立者に対してノウハウが提供されますが、すでにお伝えした通り、ノウハウには形がありません。そのため、あまり考えたくはないことですが、本部と独立者との間に何らかのトラブルが発生した場合、「本部から独立者に対してノウハウが提供されたか否か」で争いが生じる可能性があります。

本部と独立者間で発生するトラブルは、たいていの場合、のれん分けした店舗の収益性が低いことに起因します。ただし、収益性が低いこと自体は独立者自らの責任も大きいため、独立者はそのことだけをもって本部を責めることもできません。そこで、収益性が低いことの原因として、「本部からまともなノウハウが提供されていない！」や「本部からサポートが受けられなかった！」などといったようなことを、収益性が低いことの要因として主張するケースが多いのです。

この際、本部から独立者に対してマニュアルが提供されていれば、マニュアルの品質は置いておくにしても、何らかのノウハウが提供されたことが証拠として残ります。逆に、マニュアルが提供されていなければ、本部が独立者の主張を覆すことは簡単ではないでしょう。

このように、本部から独立者にマニュアルが提供されることは、万が一、本部と独立者との間でトラブルが発生した際に、本部を守ることにもつながります。この観点からも、のれん分け制度を導入する本部は、しっかりとしたマニュアルを整備しておかなければならないのです。

マニュアル作成時には、「既存店の成功要因の分析」を行う

店舗ビジネスを営んでいて、まだしっかりとしたマニュアルを作成していないのであれば、今後事業を発展させていくためにも、これを機にマニュアルづくりに着手することをおすすめします。そこで、マニュアル作成の進め方についても触れておきたいと思います。

マニュアル作成は、次の３つのステップで進めていきます。

❶―マニュアル化の対象を決める

マニュアルをつくるといっても、いきなりマニュアルづくりをはじめてはいけません。いきなりマニュアルをつくりはじめると、多くの場合、作成したマニュアルに漏れや重複が生じるからです。マニュアル作成を効率的に行うためには、はじめにマニ

ュアル化の対象を特定することが大切です。

そのためにも、マニュアル化が必要な業務を洗い出し、書籍の目次のような形でマニュアル化の対象を整理していきます。こうすることによって、マニュアルに漏れや重複が発生することを予防することができ、マニュアル作成を効率的に進めていくことができます。

マニュアル化の対象は、展開する業種業態や事業の特徴によっても変わりますが、初期段階では、次の３つの視点から整備を進めていくとよいでしょう。

■経営理念や経営方針に関する事項

会社の経営理念や経営ビジョン、経営方針等のように、会社にかかわるすべての人に知ってもらう必要がある内容をまとめます。小冊子のような形にまとめて全社員に常に携帯させ、繰り返し確認できるようにしておくとよいでしょう。

■オペレーションに関する事項

現場オペレーションの手順や方法、ポイントをまとめます。マニュアルというと、たいていの場合、このオペレーションマニュアルを指すことでしょう。

例えば、飲食店でいえば、店舗の開店・閉店作業、接客の流れとポイント、調理方法、清掃方法などがオペレーションマニュアルの対象となります。

■マネジメントに関する事項

店舗をマネジメントするための方法や考え方をまとめます。例えば、売上・利益管理の方法やポイント、人材採用や教育の進め方、災害発生時の対応方法など、店舗管理者が知っておくべき内容をまとめます。

のれん分け制度を導入する場合には、経営者として知っておくべき内容、例えば経理手続きの進め方や人材雇用手続き等も含めておくとよいでしょう。

なお、一度にすべてのマニュアルをつくり込むことは難しいでしょうから、マニュアル化の対象を決める段階で作成の優先順位も決めておき、時間をかけて計画的に作成していくとよいでしょう。

マニュアル化の対象を特定したら、それぞれの対象について、あるべき姿を定義していきます。

❷既存店の成功要因を分析し、あるべき姿を定義する

まだマニュアルがない場合、業務の進め方は店舗や人によってまちまちであるはずです。そのため、マニュアル化の前に、会社としてのあるべき姿を定義しなければなりません。この際のポイントとなるのが、「既存店の成功要因を分析すること」です。

既存店舗の中には、成績優秀なところもあれば、思ったように成績が伸びていない店舗もあることでしょう。そしてこの両者には、業務の進め方に大きな違いがあるはずです。

会社として各種業務のあるべき姿を決定する際には、これらの店舗の業務の進め方にどのような違いがあるかを分析し、成績優秀な店舗がなぜそのような結果を出すことができているのか、成功要因を特定することが大切です。

成績優秀店舗の成功要因を特定し、それをマニュアル化して全店に落とし込むことができれば、マニュアル作成のメリットでもお伝えした通り、グループ全体のレベルアップにもつなげることができるのです。

❸―マニュアルをつくり込む

マニュアル化の対象が決まり、各業務についてあるべき姿の定義が完了したら、いよいよマニュアルのつくり込みに着手していきます。

マニュアルをつくり込む際には、次のポイントを押さえておくと、現場で活用しやすいマニュアルとすることができます。

・業務の全体像を示すこと

個別の業務について触れていく前に、業務の全体像を示すことが大切です。全体像をとらえた上で、個別の業務の進め方の説明に入っていった方が、スタッフの理解が進みやすいのです。

例えば、接客についてのマニュアルをつくる場合には、はじめに「顧客が来店してから退店するまでの一連の流れ」を示し、続いて、「入店時の対応」「オーダー時の対応」「料理提供時の対応」といったように、個別の業務の進め方やポイントについて触れていくのです。

全体像を事前に理解しているかどうかで、個別の業務の理解度も大きく変わってくることでしょう。

・素人でも業務の進め方が理解できるよう具体的に記すこと

現場で使えるマニュアルとするための最大のポイントは、素人でも業務の進め方が理解できるよう、各業務の進め方やポイントを具体的にまとめていくことです。抽象的な表現が多いマニュアルは、現場で使いものになりません。

例えば、接客のポイントとして「お客様へは気配り・心配りをすること」などと書かれていても、具体的にどうしたらいいのかわかりません。気配り・心配りの捉え方は人によってまちまちでしょうから、これでは店舗やスタッフ間で接客にばらつきが

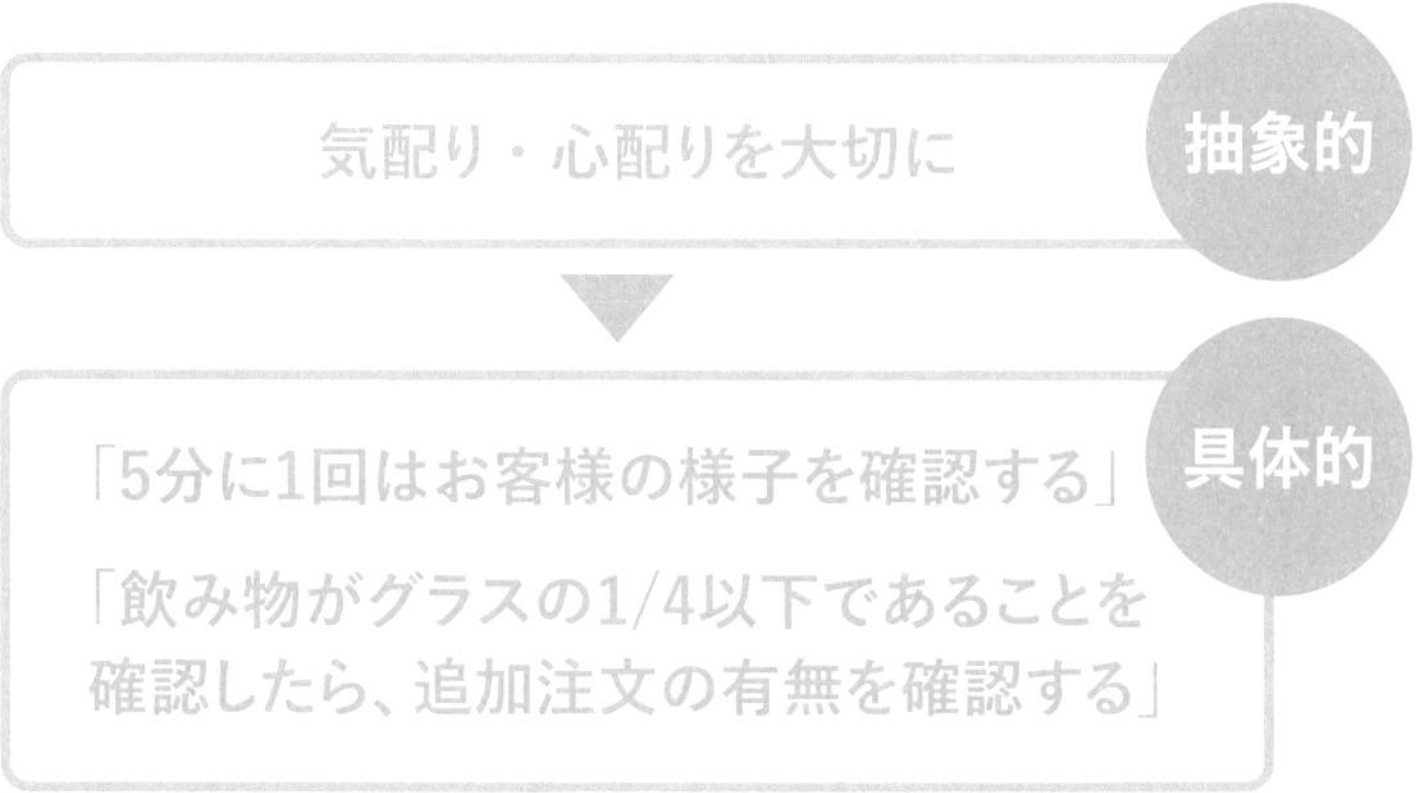

出ることは避けられませんし、新人が入ったときにも、業務の習得までに時間がかかることになります。

そこで、「気配り・心配り」という抽象的な表現を、具体化していくのです。例えば「5分に1回はお客様の様子を確認する」「飲み物がグラスの1／4以下であることを確認したら、追加注文の有無を確認する」などといったイメージです。

「気配り・心配り」という抽象的な表現を、具体化していくことによって、店舗やスタッフ間の行動のばらつきを抑制することができますし、新人の業務習得までの期間を短縮することもできるのです。

「加盟金」や「ロイヤリティ」は のれん分けの成功に不可欠

これまで、主に独立者に対する本部サポートを中心に触れてきました。

のれん分け制度では、本部から独立者に対して様々なサポートが行われることになります。そのため、本部には一定程度の負担が生じますし、事業活動である以上、本部は最低限の利益を確保する必要もあります。

そこで、独立者に対する本部サポートの対価となる「加盟金」や「ロイヤリティ」についても検討をしていく必要があります。

のれん分け制度を導入している会社の中には、本部の利益やコストを度外視して、加盟金やロイヤリティをゼロにするなど、独立者が一方的に有利な仕組みをつくっている会社もありますが、私の経験則で申し上げると、このような仕組みは短期的には上手くいくことはあっても、中長期的に上手くいくことは稀です。

本部に負担だけが生じる状態では、時間の経過とともに、のれん分け制度を運用している意味について本部に疑問が生じることでしょう。また、一般常識で考えても、サービスを受けているにもかかわらず対価を支払わないというのは異常です。このように、ある意味独立者を甘やかすような行為は、表面上は独立者にプラスになっているようにみえますが、独立者が「経営者として成長していくこと」を考えた場合には、むしろマイナスになるのではないでしょうか。

本部は手間と時間をかけて独立者をサポートする以上、独立者には最低限の対価を支払ってもらうべきです。これは、中長期的にのれん分け制度を運用していく上で欠かせないポイントといえます。

本部が独立者から受け取る対価は、次の2つの観点から設計するとよいでしょう。

❶―イニシャルフィー

のれん分けで独立する際に、独立者が本部に対して支払う初期費用です。イニシャルフィーの代表例は、加盟金や研修費、開業サポート費などです。

イニシャルフィーは独立時に一回だけ支払われるものですから、のれん分けで独立するまでに、本部から独立者に対して提供されるサービス、例えば開業前の相談対応や研修、マニュアル提供等に対する対価となります。

❷—ランニングフィー

のれん分けで独立した後、独立者が本部に対して継続的に支払う費用です。ランニングフィーの代表例は、ロイヤリティ、ブランド使用料、経営指導料などです。ランニングフィーはイニシャルフィーと違って継続的に支払われるものですから、のれん分けで独立後、本部から独立者に対して継続的に提供されるサービス、例えば経営指導、ブランド使用許諾、宣伝広告等に対する対価となります。

「加盟金」や「ロイヤリティ」は、3つの視点から最適値を算出する

「加盟金」や「ロイヤリティ」を検討するにあたっては、まずはそれぞれの対価の性質に対応したサービスが本部から独立者に対して提供されるかどうかを確認する必要があります。

例えば、本部が独立者に対して継続的なサポートを行わないのであれば、ロイヤリティ等のランニングフィーを受け取ることはできません。提供サービスがなければ、対価もないのです。

したがって、本部が独立者に対して提供するサービスを整理し、それを基準に加盟金やロイヤリティの金額を検討していくことになります。

とはいえ、本部が提供するサービスにどの程度の価値があるのかを判断することは非常に難しい問題です。そこで、加盟金やロイヤリティを検討する際には、次の3つ

の視点から最適値を算出することをおすすめします。

❶ 本部の視点

のれん分け制度を導入すると、本部には新たな手間や負担が生じることになります。例えば、のれん分け制度の導入までに仕組みを整備しなければなりませんし、独立者に対して開業サポートや継続的な経営指導を行う必要もあるでしょう。これらには、当然コストが発生するはずです。

また、事業である以上、本部は最低限の利益を得る必要もあるでしょう。

これらのコストや利益は、独立者から受け取る対価から捻出できなければならないのです。ですから、本部はのれん分けによって新たに生じるコストを正確に見積り、そこに必要利益を上乗せして加盟金やロイヤリティの金額を設定しなければなりません。

なお、のれん分けで本部が利益を得ることに疑問を感じる方もいるかもしれません。

しかし、ここで得た利益が、ビジネスモデルやのれん分け制度の仕組みをブラッシュアップする際の原資となり、間接的に独立者の発展にもつながっていくのです。本部の収益基盤が万全でなければ、グループの発展はありません。この点は、独立する社員にもしっかりと説明しておくべきでしょう。

❷ 独立者の視点

独立者から受け取る加盟金やロイヤリティで本部の利益を確保することができたとしても、その結果、独立者が必要な利益を確保できなければのれん分け制度が成り立ちません。

のれん分け制度の成功のためには、本部と独立者双方が必要利益を確保できなければならないのです。

また、独立者は独立のリスクを負っているのですから、会社で働いている時よりも収入が増えることが前提となります。そうでなければ、リスクを負ってまでのれん分けによる独立という選択肢を取る意味がありません。

加盟金やロイヤリティで本部の必要利益を確保しつつ、残った利益で独立者がリスクに見合った収入を得られるよう、両者のバランスを取らなければならないのです。両者の利益にかかわるポイントとなるため、この点は時間をかけてしっかりとシミュレーションをしておくべきです。

❸ 競合企業の視点

どのような事業でも、先行してフランチャイズシステムやのれん分け制度を導入している会社が存在します。独立者を顧客と捉えた場合、先行してフランチャイズシステムやのれん分け制度を導入している会社は本部にとって競合企業となります。

情報化が進んだ今、独立者も競合企業の加盟金やロイヤリティ水準を簡単に知ることができるため、競合企業と比べて加盟金やロイヤリティが高い場合には、本部はその理由を明確に説明できなければなりません。

その説明ができないのであれば、競合他社と比べて不利な条件になっていることになりますから、条件を見直す必要があるかもしれません。

このように、加盟金やロイヤリティを検討するにあたっては、本部と独立者だけではなく、競合他社の動向にも目を向けておく必要があるのです。

なお、ロイヤリティの設定方法として、月額○円といったように固定金額にする方法と、売上または利益の○%といったように実績に対する一定比率で計算する方法があります。どちらの設定方法にも本部、独立者双方にとってメリット、デメリットがあるため、一概に「こうするべきだ」ということはできません。本部が目指す姿や独立者の特性によっても理想的なあり方は変化するものと思います。

しかし、弊社では特別な理由がない限りは「売上または利益の○%」といったように、実績に対する一定比率で計算する方法とすることを推奨しています。その理由は、独立者店舗の売上・利益が増えれば本部が得るロイヤリティも増え、逆に売上・利益が減れば本部が得るロイヤリティも減るように、実績に対する一定比率で計算する方法の方が、本部、独立者双方にとって公平であると考えるためです。

例えば、固定金額方式のロイヤリティの場合、本部は独立者の売上・利益の状況にかかわらず、得られる収入は一定です。そのため、独立者の売上・利益アップに対して積極的に働きかける理由はありません。

一方、ロイヤリティの計算方法が実績に対する一定比率で計算する方法であれば、独立者の売上・利益がそのまま本部の収益に直結するわけですから、必然的に本部には独立者の売上・利益を高めるモチベーションが生まれます。

このように、ロイヤリティは固定金額方式よりも実績に対する一定比率で計算する方式の方が、本部・独立者双方にとって公平性が高く、信頼関係を維持させていく上でも望ましいあり方といえるのではないでしょうか。

独立者と交わす「契約書」は、本部経営者が責任をもって厳格に作成すること

21世紀ののれん分けの要件として、伝統的なのれん分けの精神、すなわち社員との信頼関係に基づく取り組みであることを大切にしつつも、信頼関係だけで問題を解決することには限界があることを認識し、本部と独立者双方の権利と義務を契約書等の形で明文化・共有化する必要性があることはすでにお伝えした通りです。

本部と独立者それぞれの権利と義務の内容は、本部が展開する事業の内容やビジネスモデル、のれん分け制度の仕組み等によって千差万別です。例えば、独立者が行う「販売促進」一つをとっても、次の3つのケースに分かれることが考えられます。

・独立者がすべて自由に実施することができる
・事前に本部の許可を得なければ実施できない
・独立者が自由に実施できるものと、事前に本部の許可を得なければならないものがある

そのため、本部と独立者が交わす契約書の内容も、本部が展開する事業の内容やビジネスモデル、のれん分け制度の仕組み等に合わせてつくり込んでいかなければなりません。本部によっては、他社のものを流用しているようなケースもありますが、中長期的にのれん分け制度を安定運用したいと考えるのであれば、のれん分け契約書は時間と手間をかけてしっかりしたものをつくり込んでおくべきです。

ここで注意すべき点は、本部が展開する事業の内容やビジネスモデル、のれん分け制度の仕組み等を最も理解しているのは本部経営者である、という事実です。

本部経営者の中には、「契約書の作成は専門家に任せておけば問題ないだろう」と考える方もいらっしゃいます。しかし、そこに盛り込むべき内容は、本部が展開する事業の内容やビジネスモデル、のれん分け制度の仕組み等によって変わるのです。

そのため、たとえ専門家に依頼する場合にも、のれん分け契約書の作成には本部経営者が積極的に参画することが不可欠です。そのことなくして、自社に最適なのれん分け契約書などつくりようがないのです。

このことから、弊社がのれん分け契約書の作成をご依頼いただいた場合にも、本部経営者から十分なヒアリングを行い、一緒に内容を検討していただくことを、お引き受けする際の条件としています。

のれん分け契約書を自社で作成するにせよ、専門家に作成を依頼するにせよ、その作成過程には本部経営者は積極的に関与しなければならないことを心得ておくべきでしょう。

契約書で「ノウハウと顧客基盤の流出」を防止する

のれん分け契約書は本部によって千差万別となることはご説明した通りですが、作成する際に必ず意識していただきたいことがあります。

それは、本部が保有するノウハウと顧客基盤の流出を防止することです。

本部にとって、これまで培ってきたノウハウや顧客基盤は財産ともいえるものです。

のれん分けをした結果、ノウハウや顧客基盤が外部に流出してしまうようでは、のれん分けの成功どころか、本部の経営自体に大打撃をもたらしかねません。

例えば、本部から直営店舗を引き継ぐ形で独立した社員が、本部との契約満了後に看板を掛け変えて事業を継続したとしたらどのようなことが起きるでしょうか。

看板が変わっているとはいえ、事業内容が同じであれば、そのままノウハウは流用されるでしょうし、のれん分け店舗に通っていた顧客は看板が変わった後もその店舗を利用するでしょうから、本部は顧客基盤も失うことになります。

このような状態が認められてしまうと、本部はのれん分けをすればするほど、自らのノウハウや顧客基盤を流出させていくことになります。この先に、本部の事業発展がないことは明らかです。

ですから本部としては、のれん分けによってノウハウや顧客基盤が流出しないよう、契約書にその防止策を盛り込んでおかなければならないのです。

これを実現するための定めの例としては、次のような内容があげられます。

❶ 競業避止義務規定

競業避止義務とは、契約期間中及び契約期間終了後の一定期間、独立者にのれん分けした事業と同種または類似の事業を経営することを禁止するものです。

独立者が競業すること自体を禁止することにより、ノウハウや顧客基盤が流出することを予防することができます。

❷ 顧客情報の取り扱い規定

のれん分け店舗で収集した顧客情報の取り扱いについて定めるものです。美容院やエステサロンのように顧客情報を収集する事業では、独立者がのれん分け契約終了後にそれらの顧客情報を使用することができないよう、のれん分け事業以外で使うことを禁止することや、契約満了と同時に破棄することを決まりとして定めておくとよいでしょう。

❸ 契約違反行為に対する違約金規定

競業避止義務や顧客情報の取り扱い規定等、のれん分け契約の重要事項について契約違反行為が発覚した場合、独立者に高額な違約金を課すものです。この規定があることによって独立者による違反行為を未然に防止することができます。

なお、これらの定めは、設定方法によっては問題となる可能性もあります。そのため、契約書の作成にあたっては、専門家に相談の上、進めていくことをおすすめします。

どれだけ信頼している相手でも、「中途解約」にはペナルティを

また、のれん分け契約書に不可欠な要素として「独立者からの中途解約に対するペナルティ」があげられます。

本部と同じブランド名を使って開業する以上、独立者も相応の責任を負わなければなりません。仮に、独立後の業績が当初想定を下回り、その結果独立者の気持ちが変わってすぐに閉店をするような事態が発生すれば、本部には多大な損害が生まれる可能性があります。

開業したばかりの店舗が閉店することになれば、本部が展開するブランドに対する信頼感が低下するでしょうし、本部の店舗を借りて独立しているようなケースでは、閉店費用の負担など、本部に直接的な損失が生じる可能性さえあります。

これらの事態を防止するためにも、のれん分け契約書で独立者からの中途解約に対するペナルティを定めておくことが求められるのです。

ここまでお読みいただいて「信頼している相手なのだから、そこまでする必要はないのではないか…」と感じられる読者もいるかもしれません。

しかし、ここでよく考えてみてほしいのです。

信頼できる相手だからといって、本来であれば課すべき制約を免除するという考え方は、果たして正しい考え方といえるでしょうか。

例えば、不動産オーナーから店舗を借りるときにも契約期間があり、中途解約すれば違約金が生じるはずです。だからこそ、店舗を借りるときには、十分に検討し、相応の覚悟を決めて契約をするのではないでしょうか。

私は、信頼できる相手だからといって本来であれば課すべき制約を免除するという考え方は、本部のためにも、独立者のためにもならないと考えます。

独立者に覚悟を決めてもらうためにも、中途解約に対するペナルティを課すことは、のれん分けにおいて必要不可欠といえるのではないでしょうか。

元社員でも独立後はビジネスパートナー。一定の距離は保つこと

本章の最後に、のれん分け制度を利用して社員が独立した後の、本部と独立者の関係性について確認しておきたいと思います。

これまでも繰り返し確認してきた通り、のれん分け制度を利用して独立した社員は、「本部とは別の事業体」の「経営者」となります。本部に守られている社員の立場から、本部とは対等なビジネスパートナーの立場に変化するのです。

そのため、本部は独立者の事業成功のためにサポートこそしますが、その成功に責任を持つことはできません。

独立したら、その後に何があっても独立者の自己責任です。再び新型コロナのように環境を激変させる事態が生じるかもしれません。そのときも、独立者は自らの力で、その危機を乗り越えていかなければならないのです。

このような時、それまで独立者が本部に依存した経営をしてきていたとしたら、危機を乗り越えることはできないでしょう。本部が善かれと思ってやってきた独立者を甘やかすような行為は、中長期的には独立者のためにはならないのです。

本部は独立者に経営者としての自覚と覚悟を持ってもらうためにも、独立者に手厚いサポートをしつつも、経営者として経験しなければならないことや、避けては通れない問題については、一定の距離を置いて見守る姿勢が必要になるのではないでしょうか。

のれん分け制度を導入する本部の経営者は、この点をしっかりと認識しておく必要があるでしょう。

第7章

独立者の「暴走」を防ぎつつ、パートナーシップを維持するには

独立直後は円満な関係でも、それが永遠に続くとは限らない

本書もいよいよ最終章となりました。ここからは、本部と独立者が中長期的にパートナーシップを維持するための考え方について触れていきたいと思います。

第1章では、のれん分けがフランチャイズの最大の欠点である本部と加盟者間の信頼関係の限界問題を補い、本部と加盟者の真のＷｉｎ－Ｗｉｎの関係性を築くことができる仕組みであることをお伝えしました。

フランチャイズの場合には、それまで本部と関係のない第三者が加盟対象となることから、本部と加盟者間の信頼関係を構築・維持することは非常に難しいものとなります。一方、会社で長い時間一緒に働いていた社員を加盟対象とするのれん分けの場合、独立前からすでに一定程度の信頼関係が構築されていますから、その分、フランチャイズと比べれば信頼関係の維持もしやすいものといえます。

しかし、ここで勘違いしてはならないことは、独立時点では一定程度の信頼関係が築かれていたとしても、現代では「盤石な信頼関係」とまでは言い切れないでしょうし、その関係が未来永劫続く保証もない、という点です。のれん分けで失敗をする会社の大半は、この点を誤解してのれん分け制度の仕組みづくりを行っているケースが多いのです。

例えば、「独立者は本部と一定の信頼関係があり、かつ事業に関する知識や技術も十分に身に付けているのだから、放置していても問題ないだろう」との考えの下、独立後、本部経営者と独立者が顔を合わす機会さえ設定していないにもかかわらず、独立者からロイヤリティを徴収しているような本部も存在します。

サポートどころか顔を合わす機会さえないのにもかかわらず、ロイヤリティだけ払わされるのだとしたら、たとえ独立時点で本部と独立者との間に一定程度の信頼関係が築かれていたとしても、時間の経過とともに信頼関係が失われていくことは避けられません。

独立直後は円満な関係であったとしても、その関係性が無条件に続くことなどありえません。会社で働いている時代に培った信頼関係を維持・深化させることができるかどうかは、本部の姿勢にかかっているのです。

本部はこの事実をしっかりと受け止め、中長期的に独立者とのパートナーシップを維持・深化することができるよう尽力していかなければなりません。

儲かっている独立者は不満を持たない！「収益状況」は常に把握

本部と独立者とのパートナーシップを維持・深化しようと考えたときに、重要なポイントとなるのが「独立者が儲かっているかどうか」です。基本的に、店舗が繁盛し、独立者が儲かっているとすれば、よほどのことがない限り本部に対する不満が生じることはありません。本部に対する不満が生じる大半のきっかけは、「独立者が儲かっていない」ことなのです。

「儲かっていない」ということが独立者に不満を生むきっかけとなるわけですから、本部としては、独立者の収益状況を常に把握しておかなければなりません。独立者が儲かっているかどうかは、独立者に不満が生まれる可能性のバロメーターとなるのです。

独立者の収益状況を把握した結果、独立者が儲かっていない状況であることが確認できたのであれば、将来、独立者に不満が生じることを予防するためにも、本部は事前に対策を講じていく必要があります。

ここで、本部が独立者の収益状況を把握していなかったがために、独立者の不満が爆発し、トラブルに発展した事例を紹介します。

過去に弊社に「のれん分け制度の運用が上手くいっていない」とご相談に訪れたパーソナルトレーニングチェーンを営むN社の事例です。

N社では、社員が独立してから3年以上、独立者の収支状況を一切確認していませんでした。後からわかったことですが、のれん分け店舗の収支は、独立直後こそ好調だったものの、独立してから1年を過ぎたあたりから、近くに競合店が出現したこともあり損益トントンから月によっては赤字が出るような状態に陥っていたようです。

しかし、そのことを把握していないN社は、当然、独立者に対して何ら特別な経営サポートを行うことはありませんでした。

独立者の方から相談してくれればよかったのでしょうが、自らが苦しい状況であることを正直に本部に相談できるかどうかは、独立者の性格にもよるでしょう。それを独立者に求めるのも酷な話です。

このような状態が続く中で、独立者の心は徐々にN社から離れていってしまいました。

具体的には、時間の経過とともにN社が定めているルールを頻繁に破るようになり、N社としても見過ごせない状況となっていったのです。

N社としてはルールを守るよう独立者に指導を行いはじめましたが、時すでに遅く、独立者は本部の指導に聞く耳を持たず、行動を改めることもありませんでした。それどころか、本部のこれまでの姿勢に対して批判をしはじめたのです。

このような独立者の姿勢は、どのような理由であれ正しいものとは言えません。契約面で考えても、独立者に非があることは明らかでした。

しかし、独立者が本部の指導に聞く耳を持たない心情は、ある程度理解できるものではないでしょうか。苦しい状況の中、本部に相談もできず、苦しみながらもこれまで経営をしてきたのです。独立者の側から見れば「何を今さら…」と考えることも自然なことではないでしょうか。

N社のケースでは、もはや対話で問題を解決できる状況にはなく、結果的に契約を解除する事態となってしまいました。問題が片付いた後に、N社の経営者と話をしましたが、「なぜもっと早く苦しい状況に気付いてあげることができなかったのか…」と大変後悔をされていました。

このように、独立者が儲かっていない状態を放置してしまうと、そのことがきっかけとなって、本部と独立者間の信頼関係にひびが入り、やがて大きなトラブルにまで発展してしまう可能性もあるのです。

このような事態を未然に防ぐためにも、本部は独立者の収益状況を常に把握できるよう仕組みを整備しておかなければならないのです。例えば、情報システムや業績管理フォーマットを統一してリアルタイムで共有すること、または月次試算表を毎月提出してもらう方法などが考えられます。

当然独立者の収益情報を把握するだけではなく、十分な利益を出せていない店舗があることが判明したときには、本部から積極的なサポートを実施していかなければなりません。独立者の苦しい状況に対して、本部から積極的に歩み寄る姿勢があるだけでも、本部に対する独立者の信頼感は大きく変わるはずです。

店舗にすべてを丸投げしない。こまめな「経営指導」は欠かさない

のれん分けでは、本部と信頼関係があり、業務にも精通している元社員に店舗を任せることになります。また、独立した社員は経営者となりますから、一般的には店舗

の業績を高めるために社員時代とは比較にならないほど仕事に対して死に物狂いで取り組むようになります。そのため、本部はある程度独立者を放置していたとしても、それなりにしっかりと事業を運営してくれることが期待できます。

しかし、だからといって独立者にすべてを任せてしまうような行為は、本部としては避けるべきです。実際、先ほどご紹介したパーソナルトレーニングチェーンを営むN社の事例でも、N社が独立者の収益状況を把握していなかったことに加え、事態が深刻化するまで独立者を放置していたことが、問題を大きくする原因となりました。

本部と独立者の関係が中長期的に続けば、それぞれを取り巻く環境も変わります。結果として、本部と独立者の間に様々な問題が生じることは避けられません。しかし、その問題を深刻化させてしまうのか、問題が小さいうちに解決してしまうのかは、本部の姿勢次第です。

そして、問題が小さいうちに解決しようと考えたときに必要不可欠なことが、「こまめな経営指導を行うこと」なのです。

ここでいう経営指導には、大きく分けて次の2つの目的があります。

❶ 本部と独立者間の信頼関係を維持・深化させること

1つ目の目的は、本部から独立者の悩みや不安に積極的に寄り添うことで、本部と独立者間の信頼関係を維持・深化させることです。

独立者は業務に精通しているとはいえ、経営をすることははじめての経験でしょう。そのため、日々経営をしていく中で、悩むこと、不安に感じることなどは当然に発生します。

これらのことを自ら本部に相談できる独立者であればよいのですが、そうでない人もいるはずです。だからこそ、本部には、独立者の悩みや不安に対して積極的に寄り添う姿勢が求められるのです。

独立者の側からすれば、本部が積極的に自らの悩みや不安に耳を傾けてくれたとしたら、「本部が自分のことを気にかけてくれている」と心強く感じることでしょう。

自ずと本部に対する信頼感も増してくるのではないでしょうか。

逆に、本部の姿勢が自分のことを気にしているとは思えないものだったとしたら、本部に対する独立者の信頼感は薄れていくことは間違いありません。

また、本部が独立者の悩みや不安に寄り添い、それを解消するための取り組みを一緒に考え、実行に移していれば、自ずと独立者の経営も日々ブラッシュアップされていくはずです。その結果、独立者の経営力が高まり、十分な利益を安定的に確保できるようになれば、本部に対する不満自体が生じにくくなることは先にお伝えした通りです。

❷―本部方針に基づき独立者を統制すること

2つ目の目的は、定期的に現場の状況を確認し、本部の方針やマニュアル通りに運営がなされるよう独立者を統制することです。

すでにお伝えした通り、のれん分け制度は、本部が開発した「成功する仕組み」を独立者に提供することで、独立者に成功を再現する仕組みです。そのためには、独立者は本部方針やマニュアルに基づいて事業運営をしなければなりません。言いかえると、独立者が本部方針に基づいて事業運営をすることが、成功の要件ともいえるのです。

一方、会社で働いていた時とは異なり独立後に独立者を管理する人はいませんから、時の流れとともに独立者の事業運営のあり方が自己流になっていくことは避けられません。例えば、負担がかかる業務は簡略化したいと考えるのが自然ではないでしょうか。短期的な業績への影響が少なければ、そのように考える独立者の方が多いでしょう。

しかし、独立者が自己流で事業運営することを認めてしまうと、のれん分け制度の根幹となる「成功の再現性」が成り立たなくなってしまいます。ですから、本部の立場としてはこれを認めるわけにもいきません。

だからこそ、本部は独立者の事業運営のあり方をこまめに確認し、それが本部の方針やマニュアルから乖離したものになっているのであれば、独立者を成功させるためにも、それを早い段階で是正していかなければならないのです。

この結果、独立者が十分な利益を確保することができれば、本部との信頼関係も維持・深化されていくはずです。

このように、本部と独立者間の信頼関係を中長期的に維持・深化させていくためには、本部によるこまめな経営指導が欠かせません。少なくとも、月に1回程度は経営指導のために現場を訪問したいところです。

これを実現するコツは、本部の経営指導の頻度を契約書等で独立者に明示することです。

この点、本部によっては設定した頻度で現場を訪問することに不安があることを理由に、経営指導の頻度を明示しないケースもあります。しかし、本部がこのような姿勢では、定期的な経営指導など実現できるはずがありません。

定期的な経営指導をしようと考えるのであれば、まずは本部が覚悟を決めて経営指導の頻度を決め、独立者にコミットすべきなのです。そうするからこそ、本部が忙しいときにも確実に経営指導が行われる体制が整えられていくのではないでしょうか。

繰り返しになりますが、のれん分けを成功させるためには本部によるこまめな経営指導が欠かせません。のれん分け制度を導入するのであれば、本部には独立者に対して定期的に経営指導を行う覚悟を決めていただきたいと思います。

定期的に開催する「店長会議」で、顔を合わせたコミュニケーションを

本部と独立者間の信頼関係を維持・深化するためには、本部によるこまめな経営指導に加えて、定期的に開催する店長会議で、顔を合わせたコミュニケーションを行うことも効果的です。

自ら事業を立ち上げた経営者なら経験があるかもしれませんが、独立者の多くは、

独立後に孤独感を感じるようです。

会社に所属しているときには、周りには悩みや不安を共有したり、相談したりできる仲間がたくさんいます。しかし、一度独立をしてしまうと、そのような仲間が身近にはいなくなってしまうのです。

もちろん、独立者は一人で事業を行うわけではありません。ほとんどの場合、独立者の下で働くスタッフも存在することでしょう。

ただし、その場合には「雇う側」と「雇われる側」で立場が明確に分かれることになります。「雇う側」と「雇われる側」では、負っている責任やリスクが全く異なりますから、多くの場合、経営者としての悩みや不安を共有したり、相談したりすることはできません。

「経営者は孤独」とはよく言ったもので、独立者も例外なくこの孤独感を味わうことになるのです。

この孤独感を少しでも解消するための方法として、本部が定期的に店長会議等を開催し、本部と独立者との間で顔を合わせたコミュニケーションをとる機会を設けることがあげられます。すでに本部が直営店舗を対象に定期的に店長会議等を開催しているのであれば、その場に独立者に参加してもらってもよいでしょう。

本部経営者であれば、同じ経営者の立場から、独立者が抱えている悩みや不安を受け止め、先輩経営者としてアドバイスすることもできるはずです。独立者からみれば、本部経営者と定期的にコミュニケーションを取れることは、願ってもない機会となることでしょう。

また、本部経営者だけではなく、会社員時代の仲間たちや、他にのれん分けで独立した独立者たちと定期的に顔を合わせ、悩みや不安を共有したり、相談したりする機会があることは、独立者にとって心強いものとなるはずです。

独立者から見れば、このような本部の経営者や会社員時代の仲間たち、または他の独立者と定期的にコミュニケーションをとる場があることは、のれん分け制度を利用しなければ得られないメリットとなります。このことが、のれん分けによる独立を選択する一つの理由となるでしょうし、本部と独立者間の信頼関係の維持・深化にもつながっていくはずです。

独立者のモチベーションを維持するため、「複数店舗オーナーへの道」も用意

独立者の中長期的なモチベーションの維持を考えた場合、本部としては、社員がのれん分けで独立することをゴールとするのではなく、その先の道も考えておくべきです。

社員がのれん分け制度を利用して独立し、経営者となったら、しばらくは事業を繁盛させるために高いモチベーションをもって仕事に取り組むことでしょう。しかし、1つの店舗では、繁盛させるといっても限界があります。しかもその限界は、経験豊富でかつ高いモチベーションを持つ独立者が実行主体となるのれん分けでは、かなり早いタイミングで到達することになるのではないでしょうか。

実際、弊社がのれん分け制度の導入をサポートさせていただいた焼肉店チェーンを営む1社の経営者は、独立後、大きく業績が伸びるのは独立してからの3ヵ月から半

年の間だけで、それ以降は大きく業績が変わることはない、と断言しています。

店舗の成績が一定程度の水準に到達し、それ以上の成長や発展が見込めないとしたら、独立者が高いモチベーションを維持して仕事に取り組むことは難しいでしょう。だからこそ本部としては、予め独立者に複数店舗のオーナーになる道を用意しておくのです。

複数店舗のオーナーになる道には限界がありません。例えば、現時点で1店舗を展開している独立者は、3店舗程度の展開を目指すかもしれません。そして、3店舗の展開を達成したら、その次は5店舗、10店舗といったように、さらに多くの店舗展開を目指すことができます。

このような多店舗展開の道が整っていれば、独立者も中長期的にモチベーションを維持することができるのではないでしょうか。

以上の考えから、先ほどご紹介したI社では、1号店はのれん分けの出店スタイルの中でもリスクが低い本部直営店舗を引き継ぐ形で経営者としてのスタートを切ってもらい、以降は、独立者自身に新規店舗を立ち上げてもらう形で、3店舗、5店舗と店舗展開を進めていくことを、のれん分け制度説明会の段階から社員に提案しています。

1店舗の経営だけでは独立者のモチベーションが続かないことを予め想定し、はじめから高い目標を目指して独立することを推奨しているのです。

このように、のれん分け制度を導入する本部としては、社員が独立した先のことにも目を向けて、本部と独立者間のパートナーシップを維持しつつ、独立者が高いモチベーションをもって経営に取り組める道筋を描いておくべきではないでしょうか。

契約書を持ち出すのは最終手段。できる限り対話で解決策を見つける

のれん分け制度を導入して時が経ち、のれん分けによる独立者が増え、また独立者が経営者として成長を遂げていけば、本部と独立者との間で考え方にギャップが生ま

れたり、見解の相違が生じたりすることもあるでしょう。場合によっては、本部と独立者との間で争いが生じることもあるかもしれません。

本部と独立者間で方針や考え方が全く同じであることなどありえませんから、このような事態は生じるものと考えておいた方が自然でしょう。

いつか、このような事態が生じたときのために、本部経営者に心に留めていただきたいことがあります。

それは、**「はじめから契約書で独立者を統制しようとしてはならない」**ということです。

これまで、「のれん分け制度ではしっかりとした契約書をつくることが大切です」ということを繰り返しお伝えしてきましたので、このことには矛盾を感じる方もいるかもしれません。

しかし、ここで認識していただきたいことは、**「契約書を持ち出すのは最終手段である」**ということなのです。

本部と独立者との間にトラブルが発生し、その結果、本部に大きな損害が生じてしまったとしたら、本部の経営基盤が揺らぎかねません。このような事態は、本部で働く社員のためにも、他の独立者のためにも、絶対に避けなければなりません。

そのため、万が一の事態が発生した際にも本部に大きな損害が生じぬよう、しっかりとした契約書を用意しておくことは、のれん分け制度を導入する企業にとって極めて重要であることは間違いありません。

しかしだからといって、はじめから独立者を契約書で統制しようとする姿勢は、本部の姿勢として正しいものといえるでしょうか。

独立者の立場になって考えてみていただきたいのです。本部の考え方に賛同できず、指導に従わなかったときに、「契約書には本部の考え方に従うように定められているから…」などと、契約書を盾に本部の指導に従うように求められたとしたら、いったいどのように感じるでしょう。

これまで長年かけて築き上げてきた信頼関係を、一瞬で台無しにしてしまう可能性すらあるのではないでしょうか。

独立者も、のれん分けで独立後、一経営者としての経験を積む中で、自分なりの考えや方針を身に付けてきているのです。それを、「契約書にはこう定められているから…」といって、強制的に本部の指示に従わせるような姿勢は、契約的には正しかったとしても、独立者との信頼関係をベースとするのれん分け制度を導入する本部の姿勢としては、あるべき状態とは言えないのではないでしょうか。

繰り返しお伝えしてきている通り、のれん分けで成功を目指す上で最も重要なポイントは、本部と独立者間の信頼関係に尽きるのです。この観点で考えれば、はじめから契約書を盾に独立者を統制しようとする姿勢は、のれん分け制度を導入する本部の姿勢としては、絶対に避けるべきです。

本部と独立者との間で考え方にギャップが生まれたり、見解の相違が生じたりした場合に、本部としてはじめに取り組むべきことは、独立者にも正当な考えや方針、想いがあることを理解し、それらを十分に受け止めることでしょう。

その上で、本部としての考えや方針、想いを伝え、落としどころを模索していくのです。

このように、本部が誠実な姿勢で独立者との対話を繰り返していけば、その中で双方が納得できる解決の道が見つかることもあるでしょう。もちろん、最終的には契約書に基づいて解決しなければならなくなることもあるかもしれませんが、はじめから契約書を持ち出されるのと、対話を繰り返した結果、話がまとまらずにやむを得ず契約書を持ち出されるのとでは、独立者の受け止め方も大きく変わるのではないでしょうか。

契約書を持ち出すのは、本部としてやるべきことをやり切った後でも遅くありません。むしろ、契約書は最終手段と捉えておくべきです。

独立者との間に生じた問題をはじめから契約書で解決しようとする本部の姿勢は、のれん分けで最も大切な「本部と独立者の信頼関係」を破壊する可能性さえあることを本部経営者は心得ておかなければなりません。

のれん分けだから実現できる！
一生ものの「Win-Winの関係」

ここ最近、「のれん分け制度を導入したい」と考える経営者が、以前と比べるとずいぶんと増えてきた印象です。

実際、弊社で開催しているのれん分け制度のつくり方や運用のポイントを解説するセミナーも、ここ数年、参加者は増加の一途です。

セミナーや個別のご相談を通じて、のれん分け制度の導入を考える経営者とお話しさせていただく中で、ここ最近の経営者に共通する考えがあることがわかってきました。

それを私なりの言葉でまとめると、次のようなものとなります。

現代の厳しい経営環境下では、言われたことを言われた通りにこなすだけの人材を雇用している余裕はない。

これからの時代に企業が存続・発展していくためには、全社員が経営者意識を持って、本気で仕事に取り組むことが不可欠である。
そのためには、のれん分けを活用してグループ内に経営者集団をつくるしか道がない。

第2章でお伝えした通り、情報化や国際化、技術革新等の影響によって経営環境のVUCA化が進む現代では、環境変化の速度は年々速くなっています。新型コロナも、急激な環境変化を引き起こした一つの事象に過ぎません。新型コロナが過ぎ去った後にも、また別の形で「環境の激変」が生じることは間違いありません。

これらの環境変化に乗り遅れてしまうと、あっという間に時代に取り残されて、生き残れなくなってしまう。そんな厳しい時代になっているのです。

この急激な環境変化に迅速かつ継続的に適応していくためには、会社の全社員が経営者意識を持ち、日々生じる環境変化に対して、力を合わせて全力で立ち向かっていく必要があるでしょう。

しかしながら、これは口で言うほど簡単なことではありません。

なぜならば、経営者と会社に雇われる社員との間には、決して埋めることのできない「大きな溝」があるからです。

この大きな溝の存在については、ほとんどの経営者がすでに実感しているのではないでしょうか。


経営者と会社に雇われる社員とでは、背負っている責任やリスクが全く異なります。

そのため、経営者と会社に雇われる社員の間で仕事に対する姿勢や認識のギャップが生じることは、決して避けることのできないものといえるでしょう。重たい責任やリスクを負うことがない社員に「経営者意識」を持たせることなど、実質的に不可能なのではないでしょうか。


とはいえ、すでにお伝えした通り、社員が雇われ意識のまま言われたことを言われた通りにこなすだけの状態では、現代の厳しい時代を会社が生き残っていけるはずもありません。

だからこそ、これからの時代に会社が中長期的に事業を維持・発展させていくためには、のれん分け制度を活用して社員を経営者の立場に転換し、グループ内に理念を共有した経営者集団をつくり上げていく必要があるのではないでしょうか。

また、このことは会社のためだけではなく、社員のためにもなるはずです。会社が社員の一生を面倒見ることが前提であった時代が終焉を迎えた今、会社で働く社員は、たとえ大企業に勤めていたとしても、ある日突然会社から放り出されるリスクを抱えています。

このような時代に、社員が自分の身を守るためには、会社に依存することなく、自らの力で道を切り開いていく意識、すなわち経営者意識を身に付けることが不可欠です。このことが、これからの時代を生き抜く必須の要件ともいえるのではないでしょうか。

少なくとも、私はそう考えています。

そしてその観点から考えれば、一般的な起業よりも低いリスクで経営者になることができるのれん分けを利用することは、社員の幸せにもつながっていくことでしょう。

先日、第3章で紹介したエステサロンを40店舗超展開しているB社の経営者とお話をする機会がありました。その際、のれん分け制度導入後の状況を尋ねたところ、のれん分け制度を利用した独立者から、

「会社員時代は収入を得るために我慢して仕事をしていましたが、今では仕事が生きがいなんです！」

といった声が上がったと大変喜ばれていました。

そして、そんな活き活きとした表情で働く独立者をみて、B社の経営者も

「こんな幸せな仲間をもっともっと増やしていきたい！」

と、今後、のれん分けでさらなる多店舗展開を進めていくことを決意したそうです。

のれん分けを活用して本部の事業を発展させながら、一方で独立した社員も幸せになる。

これ以上ない、最高の関係性ではないでしょうか。

このように、のれん分け制度を導入し、グループ内に理念を共有した経営者集団をつくり上げることは、会社の発展と社員の幸せを両立するための最善の手段といえるのです。

これは、のれん分けだからこそ実現できる、会社と社員の一生ものの「Ｗｉｎ－Ｗｉｎの関係」といえるでしょう。

本書をお読みいただいた経営者の方々が、のれん分けを活用して会社と社員の一生ものの「Ｗｉｎ－Ｗｉｎの関係」を築き上げ、現代の厳しい経営環境を共に乗り越えていかれることを心より祈念しております。

あとがき

最後まで本書をお読みいただきありがとうございます。

「のれん分け制度の導入にチャレンジしよう！」と決心された方がいる一方で、「のれん分け制度を導入するのは大変そうだな…」と感じられた方もいらっしゃるかもしれません。

もちろん、のれん分け制度を導入することは決して簡単なことではありません。これまでにないことにチャレンジするわけですから、多少の苦労は避けて通ることはできないでしょう。

ただし、本書をお読みいただく中で気が付いた方も多いのではないかと思いますが、のれん分け制度の導入に必要なものの多く、例えば、マニュアルや人材教育システム、人事評価制度などは、のれん分け制度導入の有無にかかわらず、多店舗展開を成功させるために必要不可欠なものです。

したがって、のれん分け制度の導入にチャレンジしていくことは、多店舗展開の基盤を固めることにもつながっていくのです。

短期的な苦労があろうとも、中長期的な発展のためにも、ぜひ一歩を踏み出してほしいと思います。

そして、最後に読者のみなさまにお伝えしたいことがあります。

それは、「みなさまの会社にとって最適なのれん分け制度」を探求し続けていただきたい、ということです。

本書では、現代において、のれん分け制度で会社と社員のＷｉｎ－Ｗｉｎの関係性を実現するための基本となる考え方をご紹介しました。しかし、のれん分け制度にかかわらず、どのような仕組みも「あらゆる企業にとって唯一最適な形」は存在しません。

そのため、仮に他社で上手くいっている仕組みであろうとも、それをそのまま導入したところで、上手くいくとは限りません。会社の組織風土や働く社員の特性、目指す姿によって、仕組みをカスタマイズしなければならないのです。実際、弊社がのれん分け制度の導入をサポートさせていただく際にも、この「企業の状況に応じてカスタマイズする」という点に最も多くの労力を費やしています。

また、本書でもご紹介した通り、現代は環境変化の速度が増し続けています。本書では、現時点におけるのれん分けの最新情報をお伝えしたつもりですが、これも時の流れとともに調整が必要となることは避けられません。

だからこそ、のれん分け制度を活用して中長期的に事業の継続・発展を目指すのであれば、常に経営環境の変化にアンテナを張り、〝自社にとっての最適なのれん分け制度のあり方〟を探求するとともに、仕組みをブラッシュアップし続けていかなければならないのです。

弊社でも、その時代における理想的なのれん分け制度のあり方を探求し、その内容をホームページやセミナー、メールマガジン等を通じて発信し続けていく所存です。

本書と併せてご活用いただけますと幸いです。

最後に、本書の出版に際してご尽力いただきました関係各位に、心より感謝申し上げます。ありがとうございました。

参考文献

『フランチャイズ本部構築ガイドブック』フランチャイズ研究会著　同友館
『改訂版 フランチャイズ契約の実務と書式』神田 孝著　三協法規出版
『フランチャイズマニュアル作成ガイド』フランチャイズ研究会著　同友館
『飲食店「のれん分け・ＦＣ化」ハンドブック』フランチャイズ研究会著　アニモ出版

著者：**髙木 悠**

店舗ビジネス専門コンサルタント
株式会社 常進パートナーズ 代表取締役

飲食店、整体院、美容院など「店舗ビジネス」の「多店舗展開」を加速させる専門家。
「最速最短で年商30億・店舗数30超を実現する実証されたノウハウ」をコンセプトに、のれん分け制度構築、フランチャイズ本部立ち上げ・立て直し、人事評価制度整備など、店舗ビジネスの店舗展開に特化したコンサルティングを行っている。

新卒で大手外食フランチャイズチェーンに入社後、20代でフランチャイズ加盟店のスーパーバイザーに抜擢されるものの、リーマンショック不況に対して何ら対策を講じることができず、担当企業５社の倒産を目の当たりに。自らの力不足を痛感する。
その経験から、経営の専門知識を身に付ける必要があると考え、経営コンサルタントの国家資格である中小企業診断士資格を取得。現場経験に加え、経営理論に基づいた経営指導を展開し、チェーン最優秀店舗を輩出するまでに成長を遂げる。

その後、店舗ビジネスの発展には「会社の収益性向上」と「社員が夢と希望をもって働ける環境整備」を両立させることが不可欠であることに気が付き、それをより多くの企業に展開すべく、店舗ビジネスの専門コンサルティング機関である株式会社 常進パートナーズを設立。これまでに延べ500社以上の企業支援に携わる。

「“企業が高収益を生み出すための仕組み作り”と“社員が誇りを持って働ける環境作り”をサポートすることで、“店舗ビジネスの社会的地位の向上に貢献すること”」を基本理念に、日々企業支援に尽力している。

千葉県生まれ、立教大学卒業。

株式会社常進パートナーズ ホームページ
https://johshin.co.jp/

21世紀型「のれん分け」ビジネスの教科書

2021年7月9日　初版第1刷発行

著者　髙木悠

カバー　小口翔平＋奈良岡菜摘（tobufune）
本文デザイン　有限会社中央制作社
校正　株式会社ヴェリタ
企画協力　糸井浩
編集担当　三田智朗

発行者　石井悟
発行所　株式会社自由国民社
〒171-0033　東京都豊島区高田3丁目10番11号
電話　03-6233-0781（営業部）　03-6233-0786（編集部）
https://www.jiyu.co.jp/

印刷所　株式会社光邦
製本所　新風製本株式会社

　ISBN 978-4-426-12717-6